# COSTA DEL SOL

**MÁLAGA - MARBELLA - RONDA**
TORREMOLINOS - BENALMÁDENA - MIJAS
FUENGIROLA - CASTILLO DE SOHAIL - PUERTO BANÚS
ESTEPONA - CASARES - ANTEQUERA - VÉLEZ-MÁLAGA
ALGARROBO - TORROX - NERJA

# INHALT

| | | | |
|---|---|---|---|
| *Einleitung* | S. 3 | Pasaje de Chinitas | S. 45 |
| ANTEQUERA | " 86 | Paseo del Parque | " 24 |
| Cueva de Menga | " 89 | Plaza de la Marina | " 42 |
| ALGARROBO | " 91 | Plaza de la Merced-Picassohaus | " 44 |
| BENALMÁDENA | " 50 | Puerta de Atarazanas | " 40 |
| CASARES | " 74 | MARBELLA | " 64 |
| CASTILLO DE SOHAIL | " 63 | MIJAS | " 54 |
| ESTEPONA | " 71 | NERJA | " 93 |
| FUENGIROLA | " 59 | Cueva de Nerja | " 95 |
| MÁLAGA | " 5 | PUERTO BANÚS | " 63 |
| Aduana (Zollamt) | " 40 | RONDA | " 75 |
| Alcazaba | " 6 | Alminar de San Sebastián (Turm des Hl. Sebastian) | " 78 |
| *Die maurische Kunst* | " 10 | Cueva de la Pileta | " 84 |
| Ayuntamiento (Rathaus) | " 19 | Die Römische Brücke | " 82 |
| Castillo de Gibralfaro | " 26 | Iglesia de Nuestro Padre Jesús | " 78 |
| Das archäologische Museum | " 16 | Iglesia de Santa María la Mayor | " 80 |
| Das Römische Theater | " 18 | Iglesia del Espíritu Santo | " 78 |
| Der Hafen | " 29 | Palacio del Marqués de Salvatierra | " 81 |
| Die Gärten Pedro Luis Alonsos, Die Gärten der Puerta Oscura | " 23 | Parque Natural de "el Torcal" | " 85 |
| Die Kathedrale | " 31 | Puente Nuevo (Neue Brücke) | " 76 |
| "El Cenachero" | " 44 | Puerta Carlos V | " 78 |
| Iglesia del Santo Cristo de la Salud | " 44 | Virgen de los Dolores | " 82 |
| Museo de Bellas Artes (Museo de Málaga) | " 45 | TORREMOLINOS | " 46 |
| Palacio Episcopal (Bischöfliches Palais) | " 38 | TORROX | " 92 |
| | | VÉLEZ-MÁLAGA | " 90 |

© Copyright 1998 by Casa Editrice Bonechi - Firenze - Italien
E-mail: bonechi@bonechi.it - Internet: www.bonechi.it

*Texte:* Giuliano Valdes, Editing Studio, Pisa

*Übersetzung:* Agneta Merkel

Gemeinschaftswerk. Alle Rechte vorbehalten. Der Nachdruck, auch auszugsweise, die Speicherung oder Übertragung dieser Veröffentlichung in welcher Form oder mit welchen Mitteln auch immer - elektronisch, chemisch oder mechanisch - mittels Fotokopien oder mit anderen Systemen einschließlich Film, Radio und Fernsehen, sowie mit Systemen der Archivierung und der Informationssuche, sind ohne die schriftliche Genehmigung des Herausgebers untersagt.
Umschlag, Layout und Reinzeichnung in dieser Publikation stammen von den Grafikern der Casa Editrice Bonechi und sind durch Copyright international geschützt.

*Gedruckt in Italien von* Centro Stampa Editoriale Bonechi.

*Die Fotografien sind Eigentum des Archivs des Verlagshauses Bonechi und stammen von*
Paolo Giambone *und* Andrea Pistolesi

ISBN 88-8029-106-8

\* \* \*

*Málaga, Ayuntamiento: künstlerische Darstellung des spanischen Wappens.*

# EINLEITUNG

Wenn man von Málaga und der berühmten Costa del Sol spricht, heißt das, die Aufmerksamkeit der Touristen und Reisenden auf ein stereotypes Bild zu lenken, das gleichzeitig eines der eindrucksvollsten, einnehmendsten und qualifiziertesten Ziele im großen Touristikangebot darstellt, welches die spanische Nation der beachtlichen Masse ihrer treuen, begeisterten und schwärmerischen Besucher empfehlen kann. Die Hauptstadt der Provinz Andalusien liegt an einer malerischen Küste, die im Westen von der Punta de Tarifa und im Osten vom Cabo de Gata begrenzt wird, während der breite Küstenstreifen vom Landesinnern durch das bergige Gebiet der Cordillera Penibética getrennt ist.

Im Süden der Hauptstadt hat der Fluß Guadalhorce - der größte Wasserlauf Andalusiens - die sogenannte Hoya de Málaga gebildet, ohne Zweifel die größte der kleinen Küstenebenen, die am Meer entlang aufeinander folgen.

Den besonders eigentümlichen Charakter der Küste prägen typisch mediterrane Aspekte, wie ein zu allen Jahreszeiten ausgesprochen mildes Klima (die Temperatur sinkt auch im Winter kaum unter Werte um 14°C, während man im Sommer selten Werte über 30°C mißt), die intensive Leuchtkraft des Himmels und eine vitale und überschwengliche Helligkeit, die darin wetteifern, verschiedene Gesichtspunkte und natürliche Gegebenheiten einer schon von sich aus anziehenden und bezaubernden Landschaft zu unterstreichen.

Die Costa del Sol wird gewöhnlich in zwei Gebiete unterteilt: der westliche Teil erstreckt sich von Málaga bis Estepona, der östliche liegt zwischen Málaga und Nerja. Auf diesem Küstenstreifen, an dem eine üppige und farbenprächtige Vegetation eindeutig mediterrane Akzente setzt, liegen nebeneinander die Schmuckstücke der Küste, ausgestreckt an den weiten, ausgedehnten Ufern, die geprägt werden von schönen Stränden mit goldfarbenem, feinen Sand, die sacht und weich zur kristallinen Durchsichtigkeit des Mittelmeerwassers hin abfallen.

*Málaga, Ansicht der Alcazaba und des Castillo de Gibralfaro.*

*Málaga, Blick auf das Castillo de Gibralfaro mit Ayuntamiento und Hafen.*

# MÁLAGA

Die hinsichtlich der Einwohnerzahl fünftgrößte Stadt Spaniens liegt in der Schwemmlandebene, die durch Ablagerungen der Flüsse Guadalhorce und Guadalmedina gebildet wurde, nah am blauen Wasser des Mittelmeers. Die moderne Stadt besitzt beachtenswerte Denkmäler ihrer glorreichen Vergangenheit sowie Sehenswürdigkeiten von grandioser Monumentalität und historischem und künstlerischem Interesse. Der Fluß Guadalmedina teilt den Ort in zwei Teile: rechts des Wasserlaufs liegen die neueren Stadtviertel, die Industrie- und Handelszentren, während sich am gegenüberliegenden Ufer das Zentrum mit seinen Denkmälern und das älteste Wohnviertel ausbreiten.

Die Wirtschaft Málagas stützt sich außer auf die Arbeit im Hafen und auf den Werften vor allem auf die Eisenindustrie und das Hüttenwesen, die die beträchtlichen Bodenschätze nutzen, die ein blühender Bergbau im Hinterland zu Tage fördert. Nicht zu vernachlässigen sind letztlich auch die Lebensmittelindustrie und der Weinbau, der die geschätzten Qualitäten des lokalen Weines liefert *(vino dolce, vino maestro, vino tinto, arrope, vino de color)*, die aus der hochwertigen *Pedro Ximenes* Traube gewonnen werden.

Als phönizische Gründung entwickelte sich *Malaca* unter der Herrschaft der Karthager in der Nähe der griechischen Kolonie *Mainake*. Von den Römern 205 v.Chr. eingenommen, war der Ort erst *Civitas foederata*, ehe er unter Vespasian zum *Municipium Flavium* wurde. In der zweiten Hälfte des 1. Jahrhunderts n.Chr. erhielt er mit dem Erlaß der *Lex Flavia municipalis Malacae* die Verfassung einer römischen Stadt. Erst von den Westgoten und später von den Arabern eingenommen, wurde der Ort zur Hauptstadt eines der Reiche des Taifas. Im Jahre 1487 wurde er von den katholischen Königen erobert; im 16. Jh. war er Schauplatz der Rivolte der Mauren. 1656 wurde die Stadt bei einem Angriff der Engländer beschädigt und 1810 von den Franzosen eingenommen. Zur Zeit des Bürgerkriegs wurden hier die Loyalisten besiegt (1937). Außerdem ist Málaga als Geburtsort Pablo Picassos bekannt.

*Málaga, Alcazaba und Castillo de Gibralfaro.*  *Málaga, einige Details der Innenräume der Alcazaba.*

## ALCAZABA

Mit dem spanischen Ausdruck "Alcazaba" bezeichnet man, genauso wie mit *Alcázar*, eine "befestigte Burg". Die Alcazaba von Málaga bildet gemeinsam mit dem darüberliegenden Castillo de Gibralfaro eine charakteristische und besonders typische Einzelheit im Landschaftsbild dieser Mittelmeerstadt. Ihre mächtigen Mauern mit Türmen und Bastionen erheben sich auf einem Hügel, der von typischen mediterranen Strauchgewächsen bewachsen ist und von Pinien, Trauerweiden und dem eleganten und ernsten Profil der Zypressen beschattet wird.
Weiter oben verbindet eine Mauer diese Festung mit den mächtigen Stufen des Castillo de Gibralfaro, das vom Gipfel des Hügels aus über die darunterliegende Stadt, die Küste, den weiten Meereshorizont und über die Höhen des Hinterlandes von Málaga wacht.
Die ersten menschlichen Siedlungen auf dem Hügel von Gibralfaro (der bis zu 130 m hoch ist und dessen Name wörtlich übersetzt "Berg des Leuchtturms" bedeutet) kann man wahrscheinlich zur Zeit der Kolonisation des Gebietes durch die Phönizier ansetzen. Einige Experten vertreten die Meinung, daß die Ecke eines Turmes der Verteidigungsanlage der Alcazaba weit zurückliegender phönizischer Herkunft sein könnte.
Aus der gleichen Zeit sind außerdem Spuren eines Grabes mit einer interessanten Ausstattung und Goldschmiedearbeiten gefunden worden. Es ist nachgewiesen, wie sich der ursprüngliche Kern der phönizischen Stadt tatsächlich auf der Höhe des Hügels entwickelt hat, am Ort der heutigen Alcazaba. Zu römischer Zeit ist diese Befestigungsanlage sicher nicht der Aufmerksamkeit der neuen Eroberer entgangen. Sie erkannten den besonderen strategischen Wert, den die Festung im Rahmen ihres ehrgeizigen Planes, der den Römern die Vorherrschaft im Kampfgebiet des Mittelmeerraumes sichern sollte, auch im Hinblick auf die Verteidigung einnahm.
Der Meinung einiger Spezialisten nach geht die heutige Alcazaba sogar auf die Römer zurück; aber das ist genausowenig gesichert, wie die Annahme, unter kapitolinischem Wappen sei mit großer Wahrscheinlichkeit für die Befestigung der vorher

*Málaga, diese Aufnahmen dokumentieren die Stattlichkeit der Alcazaba und die raffinierte Eleganz ihrer Gärten.*

errichteten Gebäudeteile gesorgt worden. Wie dem auch sei, das Monument, das sich heute den bewundernden Blicken der Touristen zeigt, gehört ohne Zweifel zu den besten Beispielen der arabischen Architektur und Kunst Málagas.

Der jetzige Bau, zum mindesten in seiner ursprünglichen Anlage, ist das Ergebnis einer Rekonstruktion im Auftrag des Königs von Granada, Badis el Zirí, um die Mitte des 11. Jahrhunderts. Man muß nicht extra betonen, wie weit verbreitet in jener Zeit das unheilvolle Phänomen der Piraterie war, die an den Küsten des gesamten Mittelmeerraumes wütete, wo sie schwere Schäden in den Ortschaften am Ufer verursachte und eine große Gefahr für die Bevölkerung darstellte. Der Bau von Befestigungsanlagen, vor allem an höhergelegenen Orten, und von Verteidigungs- und Wachtürmen war die Reaktion auf ein dringendes Bedürfnis nach Sicherheit. Noch heute sind die zahlreichen Überreste von Türmen und Festungen entlang der Küsten der Mittelmeerländer Zeugen einer der beängstigendsten Zeiten des oft als "dunkel" bezeichneten Mittelalters. Die beträchtlichen baulichen Veränderungen unter Badis el Zirí gaben der Alcazaba das Aussehen einer

Málaga, ein Garten der Alcazaba.

Málaga, der berühmte "Patio" (Innenhof) der Alcazaba.

Auf den folgenden Seiten:
Málaga, ein besonders schöner Eindruck
des "Patio" der Alcazaba.

Málaga, architektonische Reize und maurische Einflüsse in
diesem Teil der Alcazaba.

prächtigen orientalischen Residenz. Im 14. Jh. veranlaßten die arabischen Souveräne, die im nahegelegenen Granada herrschten und in jener Stadt als bewundernswertes Zeugnis ihres Wirkens die prachtvolle Alhambra hinterlassen haben, die Veränderung und Vergrößerung der Alcazaba in Málaga. Letztere diente nach der Wiedereroberung in der zweiten Hälfte des 15. Jahrhunderts auch den Katholischen Königen als Wohnsitz. Später zählte der wunderschöne befestigte Bau auch zu den Residenzen des Herrschers Philipp IV. (17. Jh.). Der Verfall des Gebäudes begann im 18. Jh. und schritt im darauffolgenden Jahrhundert weiter fort. Das Bauwerk, wie es heute in seiner intakten Monumentalität vor uns steht, wurde zu Beginn der dreißiger Jahre des 20. Jahrhunderts zum Nationaldenkmal erklärt. Daraufhin hat eine kompetente Instandsetzung mit sorgfältigen Restaurierungs- und Wiederaufbauarbeiten dem Gebäude einen großen Teil seines ursprünglichen Glanzes wiedergegeben. Von besonderer Bedeutung sind die eleganten Züge der maurischen Architektur, die in den Höfen des Baus auffallen, vor allem in denjenigen, die einen Brunnen haben oder Loggien, in denen schlanke Säulen die prunkvollen Bögen tragen, die reich mit geometrischen und florealen Dekorationsmotiven verziert und eindeutig orientalischer Herkunft sind.

## DIE MAURISCHE KUNST

*Die Ursprünge der Bezeichnung "maurisch" gehen auf* Mauretanien *zurück, eine Region, die unter den Römern die Gebiete des heutigen Algerien und Marokko umfaßte. Als der Islam sich in Afrika ausbreitete, ließen sich die Berber in diesem Gebiet nieder und lösten so die Emigration der "Mauren" in den Süden Spaniens aus (711). Diese wiederum bewirkte die Wanderung der Westgoten nach Norden. Unter maurischer Herrschaft entwickelte*

*Diese Details der Alcazaba von Málaga zeigen die raffinierte Eleganz und architektonische Vielseitigkeit der maurischen Kunst in Spanien.*

*sich im Süden Spaniens die Kunst, die den Namen dieses Volkes trägt und bewundernswerte Zeugnisse hinterlassen hat. Sie strahlte auch nach Norden und ins nahegelegene Afrika aus. Eine besonders eigene Form der maurischen Kunst in Spanien war der Mudejarstil, den die moslemischen Handwerker, die für die Christen arbeiteten, einführten. Der maurische Stil schöpfte aus der moslemischen Tradition der Kalifate der Omaijaden von Damaskus und der Emirate von Cordoba (7.-8. Jh.), wurde aber auch stilistischen Veränderungen unter den Almoraviden (11. Jh.) und den Almohaden (12. Jh.) unterzogen. Nach der Wiedereroberung durch die Christen (1492) neigte die maurische Kunst und Architektur zu eklektischen Formen, in denen auf erfreuliche Art und Weise Elemente des Mudejarstils und erkennbare Einflüsse westlicher Herkunft miteinander verschmolzen.*

*Málaga, ein Raum des Archäologischen Museums und ein Detail eines Mosaiks.*

*Málaga, Archäologisches Museum: Detail eines Mosaikornaments und ein in derselben Technik hergestelltes Ornament.*

# DAS ARCHÄOLOGISCHE MUSEUM

Die Sammlung dieser interessanten Abteilung des **Museums von Málaga** (eine andere Abteilung ist die der *Schönen Künste*) ist in einigen Räumen der Alcazaba ausgestellt, in der es allerdings aus Platzmangel nicht möglich ist, dem Publikum die große Anzahl aller zur Verfügung stehenden Fundstücke zugänglich zu machen. Die Sammlung Vorgeschichte enthält verschiedene Objekte aus Stein, Pfeilspitzen und Werkzeuge sowie Keramik aus der Bronzezeit. Dazu kommen die Grabausstattungen, die in den phönizischen Gräbern von Toscanos und Trayamar gefunden worden sind, die Skulpturen und Büsten aus römischer Zeit (1. und 2. Jh. n. Chr.), die Mosaike, die aus den Villen von Puerta Oscura und dem Leuchtturm von Torrox hierher verlegt worden sind sowie ein *Kopf von Epikur*, ein *Faun* und ein *Merkur*. Unter den Fundstücken aus islamischer Zeit sind vor allem diejenigen interessant, die direkt in der Alcazaba gefunden wurden, besonders die Keramik, bei der in erster Linie die Stücke aus dem 10. bis 14. Jh. auffallen. Einen Platz für sich nehmen die Keramiken ein, deren Dekoration dank einer Technik, die sich in Málaga zwischen dem 14. und 15. Jh. durchgesetzt hat, goldfarbene Reflexe aufweist.

17

## Das Römische Theater

Die bemerkenswerten Reste eines Römischen Theaters kamen auf ziemlich ungewöhnliche Weise und nur zufällig ans Licht, als 1951 die Arbeiten für den Bau des *Hauses der Kultur* begonnen wurden. Es war von Anfang an offensichtlich, daß die Stufen, die man noch heute unter den Strebemauern mit ihren Türmen westlich der Alcazaba bewundern kann, ein wesentlicher Bestandteil dieses bedeutenden Beispiels des öffentlichen römischen Bauwesens sind. Seine Errichtung geht aller Wahrscheinlichkeit nach auf das Augusteische Zeitalter zurück; aber der Gebrauch dieser Anlage ist mindestens seit dem 3. Jh. bezeugt. Ihr Verfall wurde dadurch begünstigt, daß sie zur Zeit der arabischen Herrschaft von den Architekten als Steinbruch für das Material zum Wiederaufbau der nahegelegenen Alcazaba benutzt wurde. Einige architektonische Elemente aus römischer Zeit, wie z.B. Kapitelle oder Säulenschäfte, wurden in den Mauern der nahen Festung wiedergefunden. Jetzt ist die Sicherstellung der zum Proszenium gehörenden Teile vorgesehen.

*Málaga, die befestigten Mauern der Alcazaba erheben sich über den Stufen des Römischen Theaters.*

*Málaga, das Haus der Kultur mit den Resten des Römischen Theaters.*

*Málaga, Blick auf das Ayuntamiento und die Alcazaba.*

## AYUNTAMIENTO (RATHAUS)

Das stattliche Rathaus Málagas fügt sich in einen städtebaulichen Kontext ein, der vom Grün der Gärten, den Palmen und den Bäumen, die ihre Schatten auf die breite Allee am Meer entlang werfen, geprägt wird. Das Gebäude, das zwischen dem Hafen und den ersten Ausläufern des Hügels von Gibralfaro liegt, wurde zwischen 1911 und 1919 gebaut, nachdem der Stadtrat von der *Plaza de la Constituciòn* an den Rand des *Paseo del Parque* verlegt worden war. Letzterer ist das Ergebnis einschneidender Veränderungen in der Stadtanlage, die um die letzte Jahrhundertwende vom Architekten Manuel Rivera Valentín geplant wurden und darauf abzielten, eine Verlängerung der *Alameda Principal* zu schaffen, indem sie das Stück Land nutzte, daß man dank hartnäckiger Bemühungen dem Meer entrissen hatte.

Das Gebäude zeigt in seiner eindrucksvollen Monumentalität gleichzeitig strenge und elegante Formen. Es handelt sich hier stilistisch um einen mit Elementen der neubarocken Architektur durchsetzten Neoklassizismus.

Die Fertigstellung des Plans, der tatsächlich zur Ausführung kam, verdanken wir den Architekten Manuel Rivera Vera und Fernando Guerrero Strachan. Der Entwurf paßte sich den regionalistischen Forderungen an, die in jener Zeit sehr hoch im Kurs standen.

Das Gebäude ist ein isolierter Block mit verstärkten Eckmauern in Form von Türmen, die von hübschen kleinen Kuppeln bekrönt werden. Wirklich bemerkenswert ist die äußere Wandfläche, die von Wandpfeilern und zahlreichen Fenstern unterbrochen sowie von Säulen geziert ist. Die vertikale Entwicklung des Baus wird von eleganten und stark ausgeprägten Stockwerkmarkierungen rhythmisiert. Der Haupteingang, der sich zum breiten, von Bäumen gerahmten Paseo del Parque hin öffnet, ist von prunkvoller, aber entschieden feiner Eleganz, in der sich der unmißverständlich feierliche Charakter der neoklassizistischen Anlage manifestiert. Man beachte vor allem die große Eingangsöffnung, die von einem Halbkreisbogen eingefaßt wird, und die hübsche kleine Loggia im ersten Stockwerk, in der die seitlichen Doppelsäulen zusammen mit denen, die den mittleren Teil des Balkons begrenzen, dem

Gesamteindruck bemerkenswerte Grazie und Harmonie verleihen. Auf dem oberen Abschluß, der die Form eines klassischen Tympanons hat und diesem Teil der Fassade das Aussehen einer eleganten, klassischen Tempelanlage gibt, befindet sich eine besonders bewundernswerte Skulpturengruppe, die eine *Allegorie der Stadt Málaga* darstellt. Diese und die zahlreichen anderen Skulpturen, die das Äußere des Gebäudes mit Darstellungen der verschiedenen *Spanischen Königreiche* schmücken, sind Werke des Bildhauers Francisco Palma García. Weitere Skulpturen, die sich an den Seitenfronten des Baus befinden, wurden von García Carrera ausgeführt.

Auch was die Innenräume angeht, ist die Bedeutung des Ayuntamiento Málagas beachtlich. Eine monumentale Treppenanlage führt in zwei geteilten Läufen zum Piano Nobile (Hauptgeschoß) des Gebäudes. Man beachte vor allem die skulptierten Löwen und Krüge, die ebenfalls García Carrera zugeschrieben werden.

Der monumentale Eindruck der in wertvollem italienischem Marmor ausgeführten Treppe wird noch gesteigert durch die kunstvoll gestalteten Glasscheiben, deren bemerkenswerte Malereien das

*Málaga, die Hauptfassade des Ayuntamiento.*

*Málaga, ein Detail der architektonischen und bildhauerischen Ornamentik und der Ostflügel des Ayuntamiento.*

von den Phöniziern gegründete Málaga, die *Einsetzung des ersten Stadtrats*, den *Einzug der Katholischen Könige in Málaga*, die *Revolte der Stadt gegen die Admiralität* und den *Einzug König Philipps IV. in Málaga* darstellen.

Unter den Innenräumen sind vor allem der *Spiegelsaal* und der *Ratssaal* zu erwähnen. In ersterem befinden sich Gemälde von Burgos, Oms, Murillo Carreras, Nogales und Vivó; im zweiten sehen wir nicht nur Gemälde, sondern auch Fresken. Von den Künstlern, die hier mit ihren Werken vertreten sind, erinnern wir an Muñoz Degrain, Fernández Álvarez, Guerrero del Castillo, Capulino Jáuregui und Bermúdez Gil. In anderen Räumen ist so etwas wie eine kleine städtische Galerie untergebracht. Hier sind Künstler aus der Zeit vom 19. Jh. bis in unsere Tage ausgestellt, darunter Revello de Toro und Ruiz Blasco, der Vater des großen Picasso.

Letztendlich ist der *Sitzungssaal* nicht zu vernachlässigen, in dem eine Kopie der *Lex Flavia Malacitana* aufbewahrt wird, frühestes geschichtliches Zeugnis der städtischen Autonomie.

*Málaga, zwei Ansichten der großzügigen Prunktreppe des Ayuntamiento.*

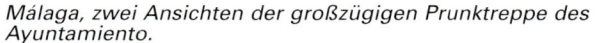

*Málaga, ein Ausschnitt der Gärten der Puerta Oscura und Pedro Luis Alonsos mit dem Ayuntamiento und der Alcazaba sowie eine Teilansicht aus der Vogelperspektive.*

## DIE GÄRTEN PEDRO LUIS ALONSOS
## DIE GÄRTEN DER PUERTA OSCURA

Diese Gärten, die eine der zahlreichen grünen Lungen der Stadt Málagas darstellen, bilden einen einzigartigen Rahmen von Bäumen und Pflanzen, der das Gebäude des Ayuntamiento in geeigneter Weise hervorhebt. Die **Gärten Pedro Luis Alonsos** erstrecken sich genau vor dem Ostflügel des Baus und bilden eine ideale Ergänzung zu der schönen Ansicht der Architektur, die sich demjenigen zeigt, der sie von der Höhe des Castillo de Gibralfaro aus betrachtet oder sich einfach auf den höchsten Punkt der Gärten selbst stellt, um die Ostfassade des Gebäudes zu bewundern. Ein Brunnen und ein hübscher, kleiner Rundtempel vervollständigen das Bild dieser idyllischen Landschaft. Die **Gärten der Puerta Oscura** nehmen eine Oberfläche von ca. 10.000 qm ein und fallen durch die extreme Vielfalt an Baum- und Blumenarten sowie das ausgedehnte Buschwerk auf. Die grüne Oberfläche erstreckt sich bis zum Hügel der Alcazaba und wird von der gleichnamigen Festung bewacht, die mit ihren verstärkten Mauern auf der Höhe den Horizont begrenzt.

*Málaga, der Brunnen Karls V. (15. Jh.), der auch Genuesischer Brunnen genannt wird und in der effektvollen Szenerie der Plaza de la Marina steht; auf dem Paseo del Parque steht der hübsche Brunnen aus dem 16. Jh., den man "von den drei Grazien" nennt. Hier sieht man ein Detail.*

*Málaga, Ansicht vom Castillo de Gibralfaro auf die Plaza de Toros, "La Malagueta" genannt.*

## Paseo del Parque

Der Paseo del Parque mit dem parallel zu ihm gelegenen *Paseo de España* bildet die Verlängerung der *Alameda Principal*. Diese von Bäumen bestandene Prachtstraße erstreckt sich von der *Plaza del General Torrijos* bis zur *Plaza de la Marina*. Der sogenannte **Parque** ist in Wirklichkeit eine Art kleiner Botanischer Garten, in dem eine große Vielfalt von einheimischen Pflanzen, aber auch zahlreiche Arten aus subtropischen Gebieten wachsen. Dieser ganze Teil der Stadt existiert nur dank eines gewagten Unternehmens zur städtischen Neuordnung, dessen Ausführung (1897) der Meeresoberfläche neues Land entrissen hat (die sogenannten *nuevos muelles*). Unter den Elementen von einer gewissen künstlerischen Bedeutung sind vor allem zwei hervorzuheben: der schöne **Brunnen der drei Grazien** (16. Jh.), dem die drei wertvollen Marmorfiguren, die ihn schmücken, seinen Namen geben, und der **Brunnen Karls V**, auch *Genuesischer Brunnen* genannt, ein hübsches Werk der italienischen Renaissance mit einem Sockel aus dem 17. Jh.

*Málaga, ein schöner Blick auf das Castillo de Gibralfaro und ein beeindruckender Teil seiner mächtigen Mauern.*

*Málaga, die Plaza de Toros (19. Jh., 14.000 Besucher) vom Castillo de Gibralfaro aus gesehen, und ein eindrucksvolles Panorama der Stadt.*

## CASTILLO DE GIBRALFARO

An diesem strategisch besonders wichtigen Ort befand sich eventuell eine prähistorische Befestigungsanlage, vielleicht ein phönizischer Verteidigungsbau; sicherlich stand hier in römischer Zeit ein Leuchtturm. Der Name des Ortes kommt vom arabischen *Jabal-Faruk* und bedeutet "Berg des Leuchtturms". Sicherere Zeugnisse stammen von einem Wiederaufbau zur Zeit Abderramáns I. (zweite Hälfte des 8. Jh.) und späteren Restaurierungsarbeiten unter Yusuf I. (erste Hälfte des 14. Jh.). Die Burg, an der heute nur noch wenige Elemente des ursprünglichen Baus zu erkennen sind (mit Strebemauern verstärkte und mit Glacis und Türmen versehene Außenmauern), war früher durch einen unterirdischen Gang mit der darunterliegenden Alcazaba verbunden. Heutzutage dient lediglich eine dünne Mauer als Verbindung zwischen diesen beiden Festungsbauten.

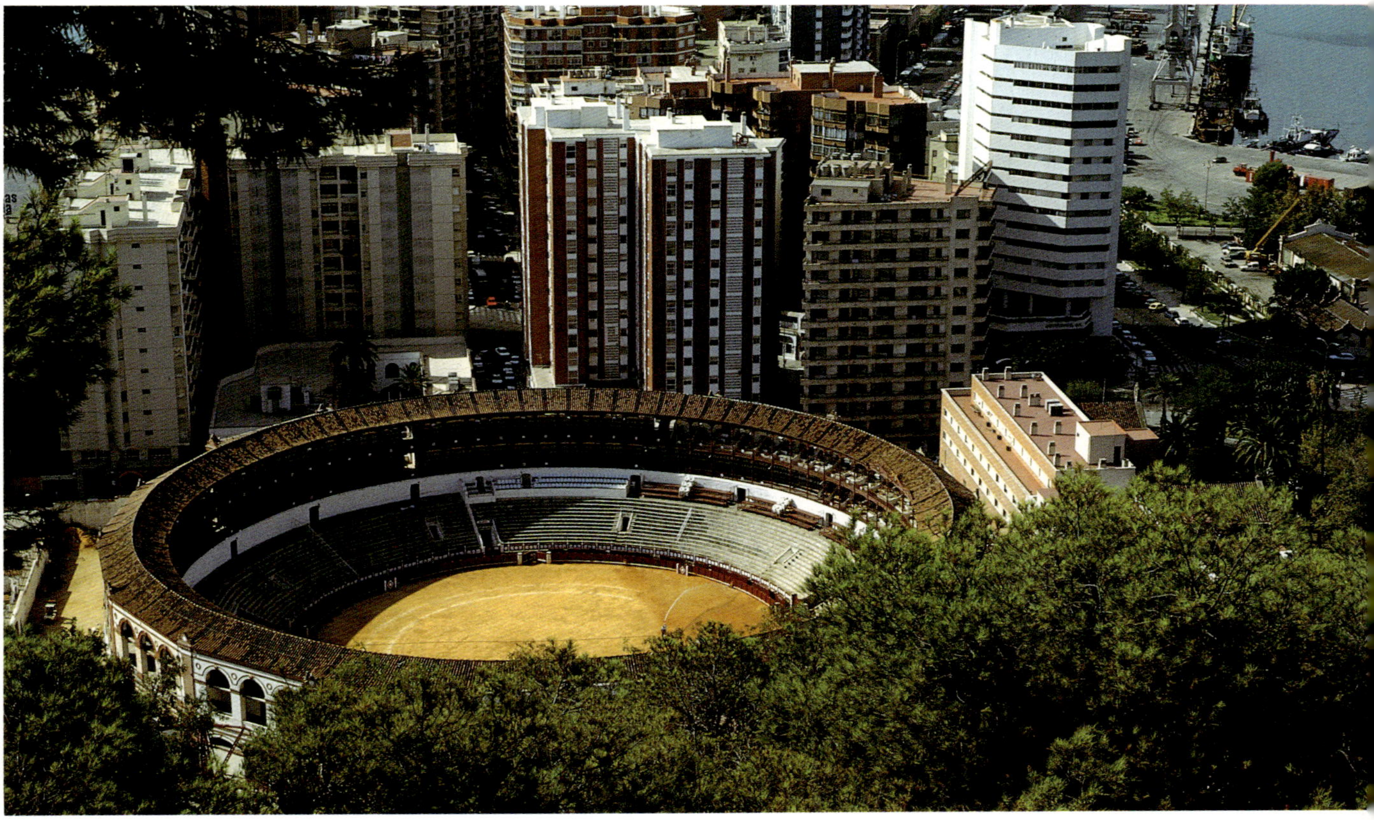

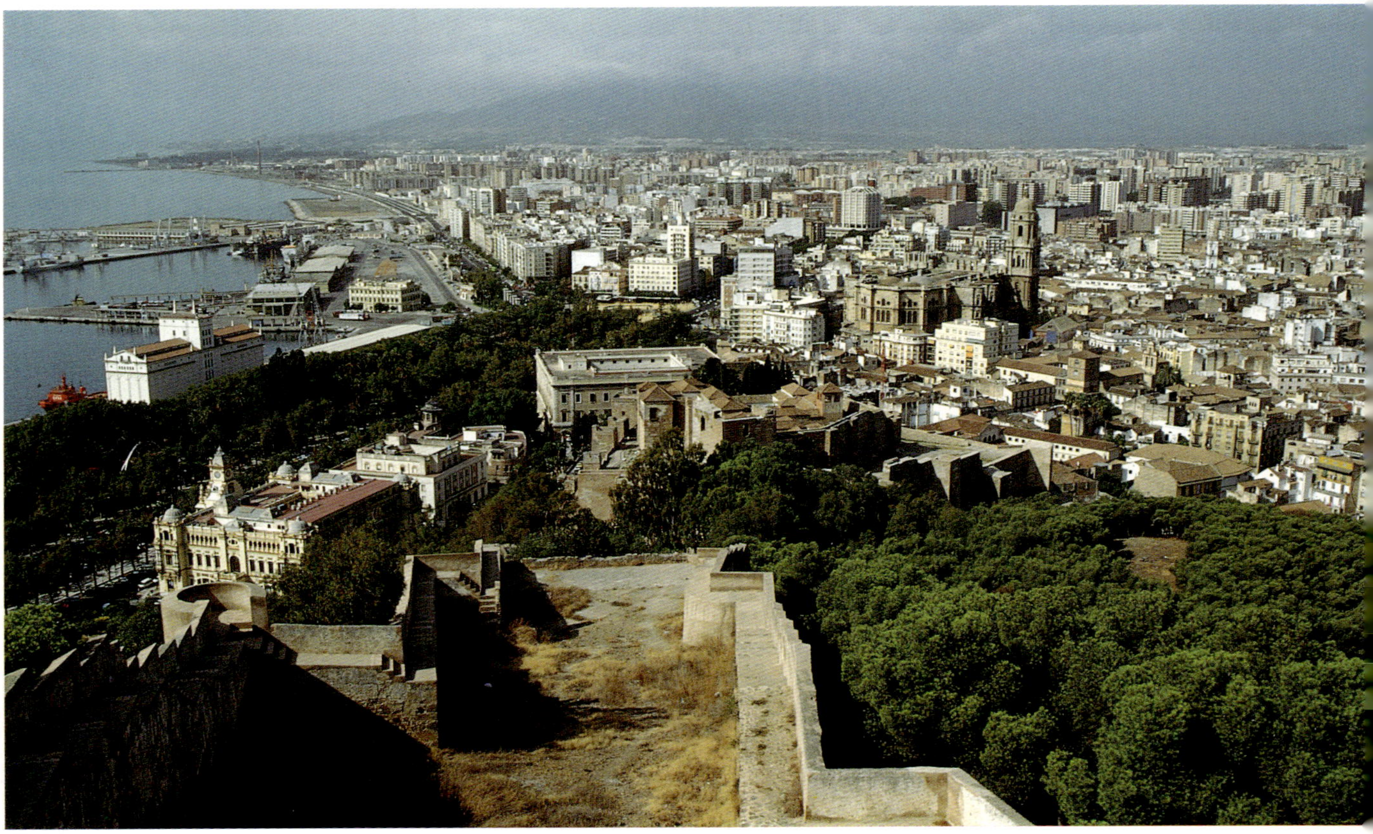

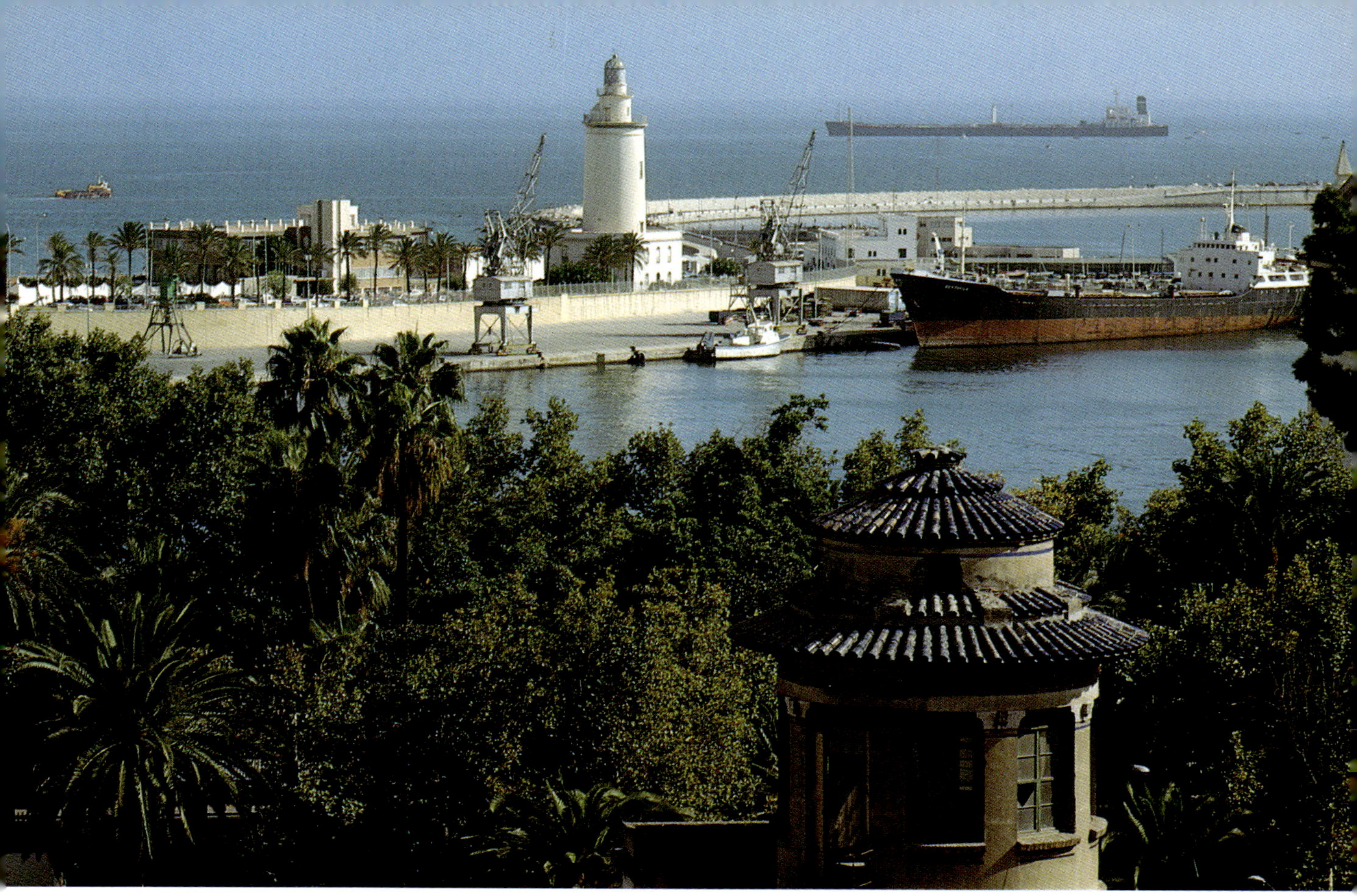

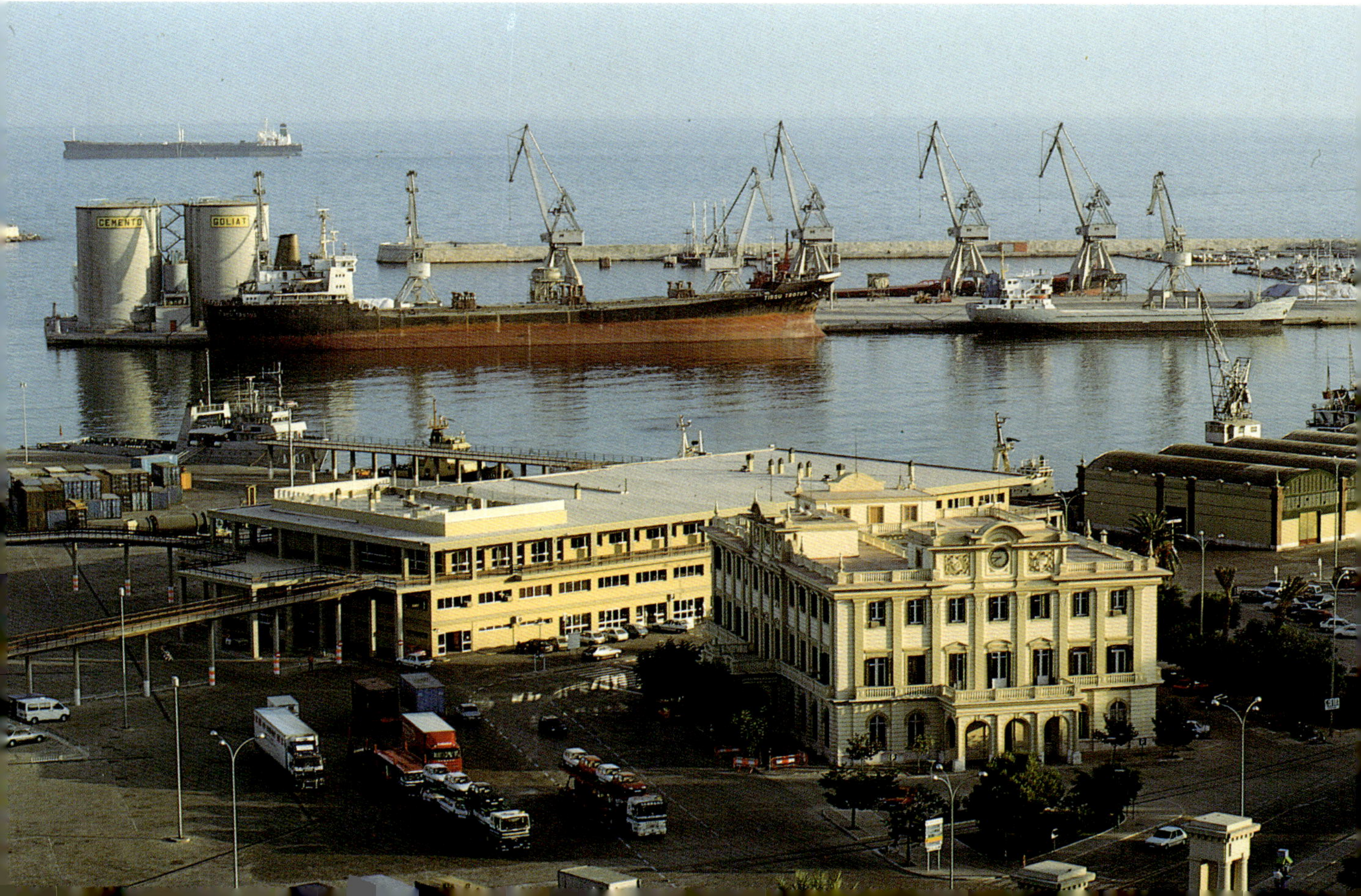
CEMENTO
GOLIAT

*Málaga, zwei Ansichten des Hafenbeckens.*

*Málaga, einige Eindrücke des Hafenviertels mit einer der schönen Alleen.*

## DER HAFEN

Der Hafen von Málaga synthetisiert in seiner beträchtlichen Dimension die Struktur einer ganzen Stadt am Mittelmeer, seit Menschengedenken den Seemännern und der Fischerei verschrieben. Dieser wichtige Teil der Infrastruktur wirkte sich schon immer positiv auf die wirtschaftliche Lage der Stadt aus und gehört noch heute zu den funktionellsten und wichtigsten Anlege- und Umschlagplätzen des Mittelmeerraumes.
Der von Málaga ist bei weitem der bedeutendste Hafen Andalusiens und spielt eine ausschlaggebende Rolle in der Wirtschaft der Region, auch wenn der Fischereisektor im Verlauf des letzten Jahrzehnts einen gewissen Rückgang verzeichnen mußte. Nicht unterzubewerten ist auch die wichtige Funktion, die der Hafen Málagas im Zusammenhang mit den See- und Handelsbeziehungen zum nahegelegenen Marokko einnimmt.

*Málaga, die Kathedrale (im Hintergrund) und die Alcazaba vom Castillo de Gibralfaro aus gesehen.*

*Málaga, die Fassade der Kathedrale und ein Detail der Außenarchitektur.*

# DIE KATHEDRALE

Die prächtige Kathedrale von Málaga bildet eines der wichtigsten Architekturdenkmäler der Stadt. Das Gebäude vermittelt den Eindruck einer offensichtlich eklektischen Baustruktur, was darauf zurückzuführen ist, daß die Bauarbeiten an der Kirche sich aufgrund verschiedener Vorfälle über mehr als drei Jahrhunderte hingezogen haben. So läßt der Grundriß auf eine gotische Anlage schließen, während die Fassade ein spätbarockes Äußeres hat und gleichzeitig der Gesamtaufbau eindeutiges Gedankengut der Renaissance verrät.

Am Ort der heutigen Kirche befand sich ursprünglich die Moschee Aljama, die mit dem Auftreten der Katholischen Könige (1487) zum Hause christlichen Glaubens erklärt wurde. Der Bau der Kathedrale folgte zu Beginn einem gotischen Plan; aber schon am Anfang des 16. Jahrhunderts beschloß man, den ursprünglichen Entwurf aufzugeben und betraute Diego de Siloé mit der Fortführung der Arbeiten. 1782 wurde die jahrhundertelange Bautätigkeit abgeschlossen, aber das Gebäude war noch weit von der Fertigstellung entfernt, so daß es noch heute unter dem Namen *La Manquita* (die Verstümmelte) bekannt ist. Diese Namengebung wird sofort einsichtig, wenn man den rechten Turm der Fassade

*Málaga, die Fassade der Kathedrale, ein Detail des Hauptportals und ein Teil des Platzes, an dem das Gebäude steht.*

betrachtet, der zwar bis zur Höhe des oberen Abschlusses derselben reicht, aber keine Turmspitze aufweist.

Die interessante **Fassade** erhebt sich über einigen Stufen an der zentralen *Plaza del Obispo*. Sie besteht aus zwei klassischen Ordnungen, die jedoch deutlich barock verarbeitet sind. Das untere Geschoß wird vor allem durch die eindrucksvollen Portale charakterisiert, die sich in Übereinstimmung mit dekorativen Bögen öffnen. Das obere Geschoß besteht aus einer Galerie mit Dreibogenöffnungen im unteren und einfachen Bogen zwischen runden Öffnungen im oberen Teil. Die vertikale Rhythmisierung der von zwei Türmen gerahmten Fassade wird durch das Motiv der Doppelsäulen betont, die sich in beiden Geschossen an die Wand anlehnen. Das Relief der *Verkündigung* über dem Hauptportal stammt von Antonio Ramos (1734), an den Seitenportalen heben sich die skulptierten Darstellungen der *Heiligen Zyriakus* und *Paula* (die Stadtpatrone) ab. Beide sind Werke des 18. Jahrhunderts; die Figur des *Heiligen Zyriakus* stammt von Clemente Anes.

Der **Innenraum** der Kirche wird von mächtigen Pfeilern in drei erhabene Schiffe geteilt, in denen der Blick auf den verblüffenden Reichtum der Gewölbedekoration fällt, bei der vor allem das bemerkenswerte ornamentale Detail der Blattmotive ins Auge sticht. Man beachte auch die kunstvollen Glasscheiben, die zum großen Teil kostbar gestaltet sind. In den Seitenschiffen öffnen sich 15 Kapellen überwiegend barocker Konzeption, wie im übrigen auch die darin befindlichen Kunstwerke. Hier ist vor allem die **Kapelle der Nuestra Señora de los Reyes** zu erwähnen mit der Statue der *Madonna*, die ehemals Patronin der Stadt war. Das Werk ist eine Stiftung der Katholischen Könige (16. Jh.). Außerdem beachte man die **Kapelle der Hl. Barbara.** Zu guter letzt sind auch der Chor aus dem 17. Jh. mit seinen 58 Chorstühlen, von denen die meisten reich mit Schnitzereien Pedro de Menas verziert sind, die zwei großen Zwillingsorgeln aus dem 18. Jh. und der Inkarnationsaltar in Carrara-Marmor mit Säulen aus Achat bemerkenswert.

*Málaga, diese Aufnahmen zeigen das Innere der Kathedrale mit Details der Gewölbe, der Pfeiler und der künstlerisch gestalteten Glasscheiben.*

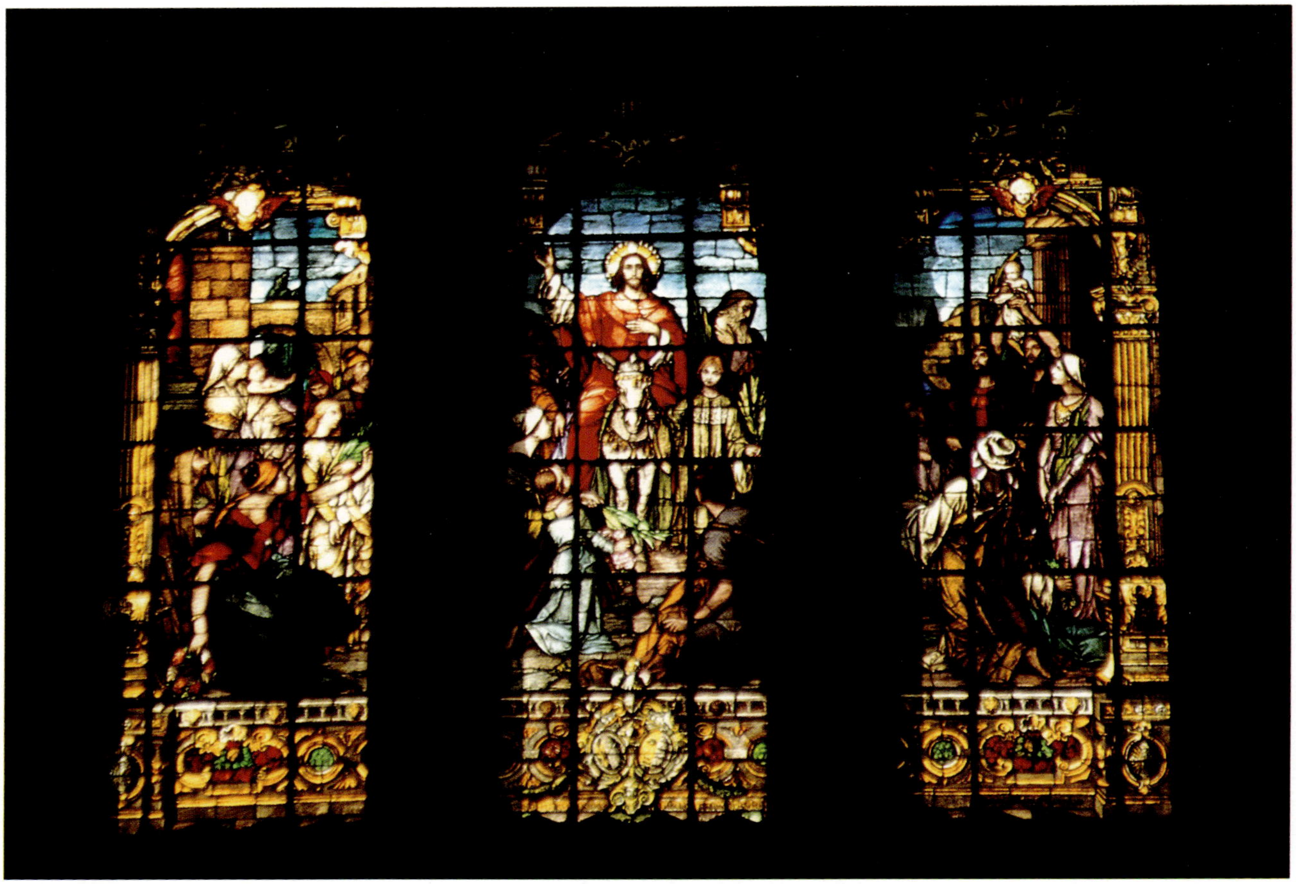

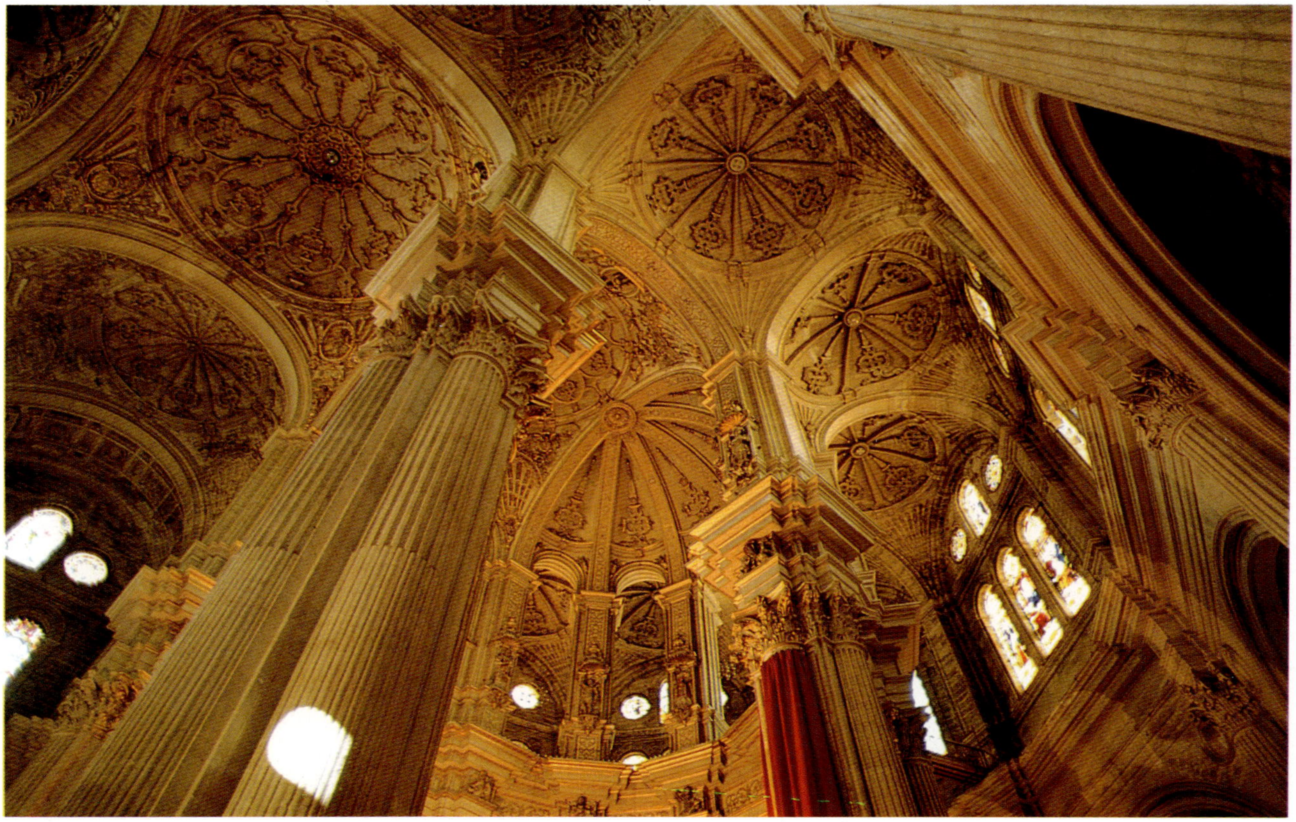

*Málaga, das Innere der Kathedrale: ein Ausschnitt aus den kunstvoll gearbeiteten Glasscheiben und ein Detail der dekorierten Gewölbe, die von Pfeilern getragen werden.*

*Málaga, Innenraum der Kathedrale: die schöne Skulptur eines Vesperbildes und ein Detail des Hauptaltars.*

*Málaga, die Kathedrale bei Nacht und eine Figurengruppe (Virgen de las Angustias) an der Fassade des bischöflichen Palais.*

*Málaga, ein Detail der schönen Fassade des Bischofspalais.*

# PALACIO EPISCOPAL (BISCHÖFLICHES PALAIS)

Das Bischofspalais mit seinem außergewöhnlichen architektonischen Charakter steht in unmittelbarer Nähe der Kathedrale und bildet zusammen mit dieser einen sehr interessanten Gebäudekomplex. Mit dem Bau wurde im 18. Jh. unter Leitung des Architekten Antonio Ramos begonnen. Die schöne Fassade greift Gedanken des Spätbarock auf, zeigt aber auch Elemente, die typisch für die neoklassizistische Architektur sind. Das dreistöckige Gebäude begrenzt oben eine hübsche Balustrade, die von dekorativen Elementen in Pyramidenform überragt wird. Der Gesamteindruck wird nicht nur vom Rhythmus der Wandpfeiler und von den Tympana über den Fenstern geprägt, sondern vor allem von der Eleganz des zentralen Baukörpers. Säulen aus rotem Marmor und eine Nische mit dem Standbild der *Nothelfermadonna* setzen dabei wertvolle Akzente. Durch ein schön gearbeitetes schmiedeeisernes Tor gelangt man in den Hof mit Portikus. In den Innenräumen des Palais befindet sich das **Diözesanmuseum für religiöse Kunst**, in dem auch Werke des frühen Picasso, Niño de Guevaras, Valdés Leals, Jacinto Espinosas sowie Repliken Correggios und Tizians ausgestellt sind.

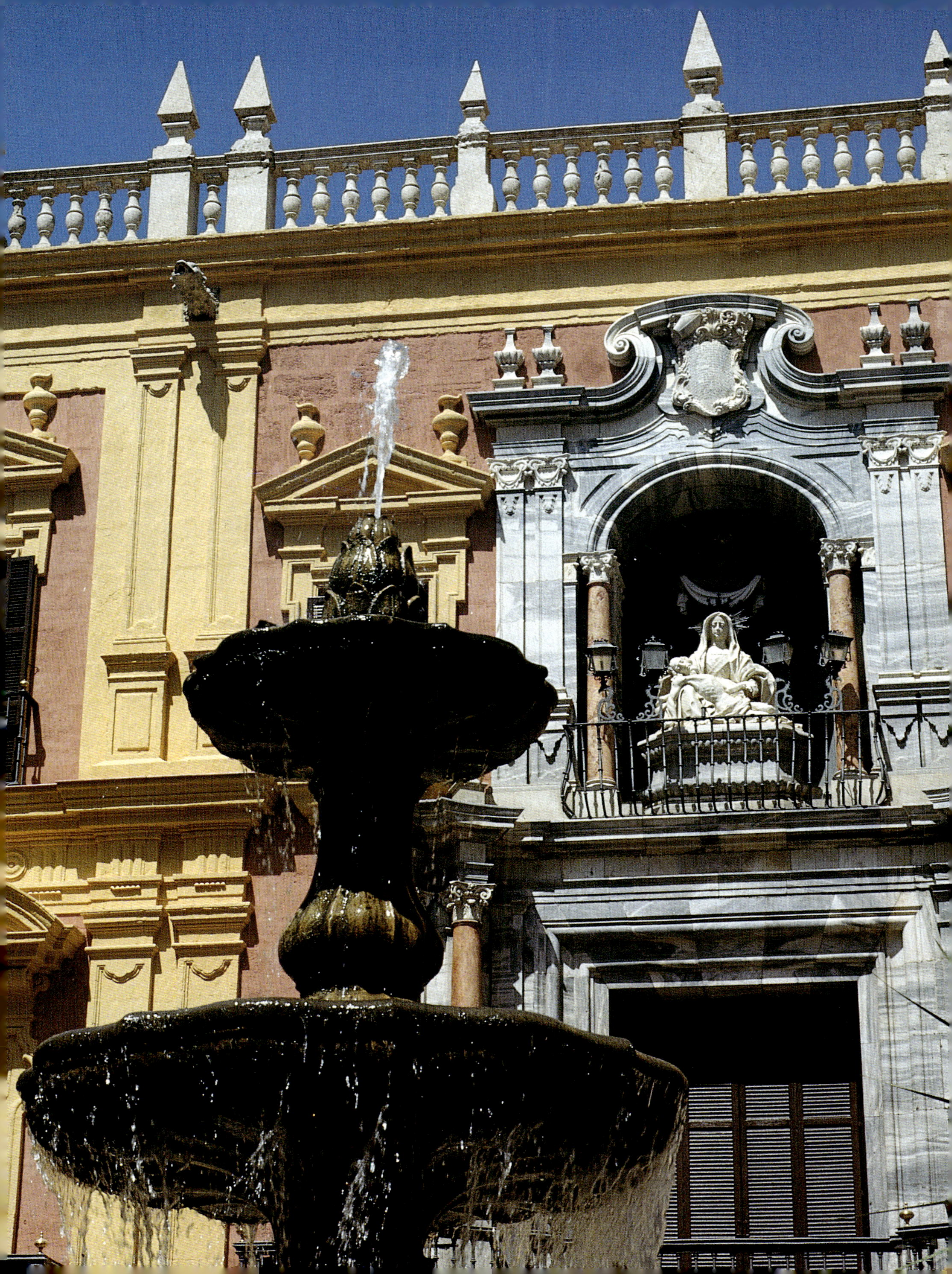

*Málaga, Ansicht des Palacio de la Aduana und ein Detail der Puerta de Atarazanas.*

*Málaga, die Puerta de Atarazanas, Zeugnis arabischer Architektur in der Stadt.*

## ADUANA (ZOLLAMT)

Das heutige Gebäude, das im Innern nach dem schweren Brand von 1992 wieder vollständig rekonstruiert worden ist, wurde in der zweiten Hälfte des 18. Jahrhunderts von dem Architekten Manuel Martín Rodríguez entworfen. Der Bau, den man am Bossenwerk im Erdgeschoß erkennt, ist im neoklassizistischen Stil gehalten. Im Jahre 1810 wurde er von französischen Soldaten besetzt, die die Innenräume schwer beschädigten. Später dienten die Räumlichkeiten einer Tabakfabrik als Sitz, um letztendlich zum öffentlichen Amt umfunktioniert zu werden.

## PUERTA DE ATARAZANAS

Dieses monumentale Tor, das zum Hauptmarkt führt, zählt berechtigterweise zu den beachtenswertesten Denkmälern moslemischer Kunst in dieser Stadt. Sein heutiger Name erinnert daran, daß sich in der Nähe ehemals die Schiffswerften (*Atarazanas*) befanden. Der Bau des Tores wurde unter arabischer Herrschaft zur Zeit Abderramáns III. (13. Jh.) begonnen. Man beachte den charakteristischen Bogen in eindeutig arabischer Form, über dem die Inschrift *Gott allein ist der Sieger* zu lesen ist.

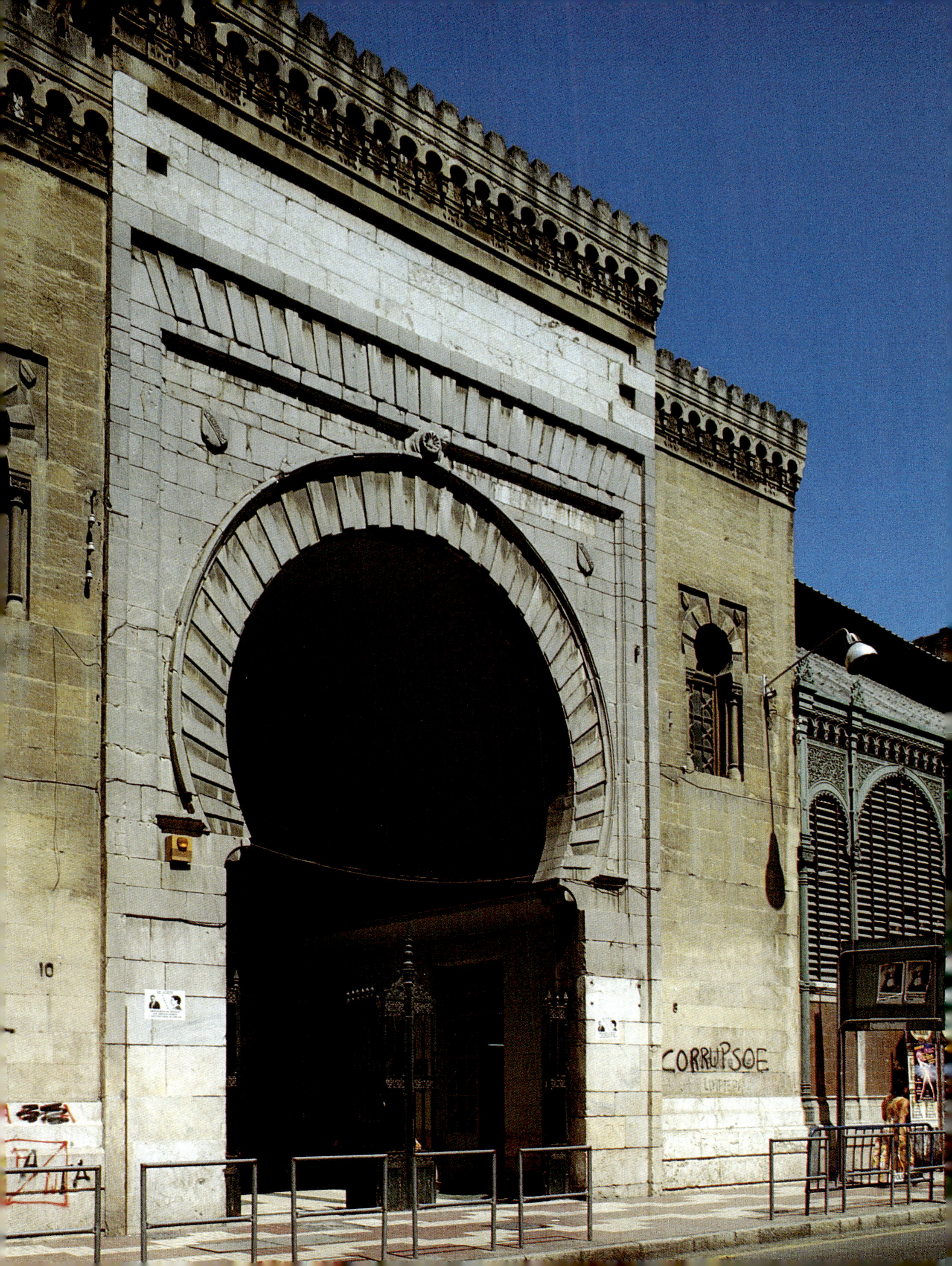
10
CORRUPSOE

*Málaga, Blick auf die Plaza de la Marina und Ausschnitt des Zugangs zur Hafenanlage.*

*Málaga, phantastische Licht-und Wasserspiele beleuchten die Plaza de la Marina bei Einbruch der Dunkelheit.*

## PLAZA DE LA MARINA

Dieser elegante Platz im Zentrum von Málaga öffnet sich zwischen der *Alameda Principal* und dem *Paseo del Parque* und bildet einen der charakteristischsten Punkte der Stadt. Die Eleganz und Stattlichkeit der zahlreichen Gebäude, die ihn umgeben, ist von einer zweifelsohne modernen Architektur geprägt, die sich jedoch wunderbar in die charakteristische Atmosphäre der am Meer gelegenen Viertel einfügt. In der Mitte des Platzes unterbricht ein schöner Brunnen mit seinen Wasserspielen und hohen Strahlen das pulsierende Leben der Stadt. Mehrere Palmen, Beete und die mächtigen Pfeiler, die den Zugang zum Hafenviertel abgrenzen, sind weitere charakteristische Anhaltspunkte. In jüngerer Zeit haben die Arbeiten zum Bau einer großen, modernen Tiefgarage den ursprünglichen Charakter dieses typischen Punktes der Stadt vollständig verändert. Der auffallendste Eingriff war die Verlegung der populären Statue des *Cenachero* in den *Paseo de la Farola*. An der Südostseite des Platzes, vor der Alameda Principal, steht das **Denkmal Don Manuel Domingo Larios y Larios**. Es wurde von Mariano Benlliure Ende des 19. Jahrhunderts geschaffen und enthält allegorische Elemente.

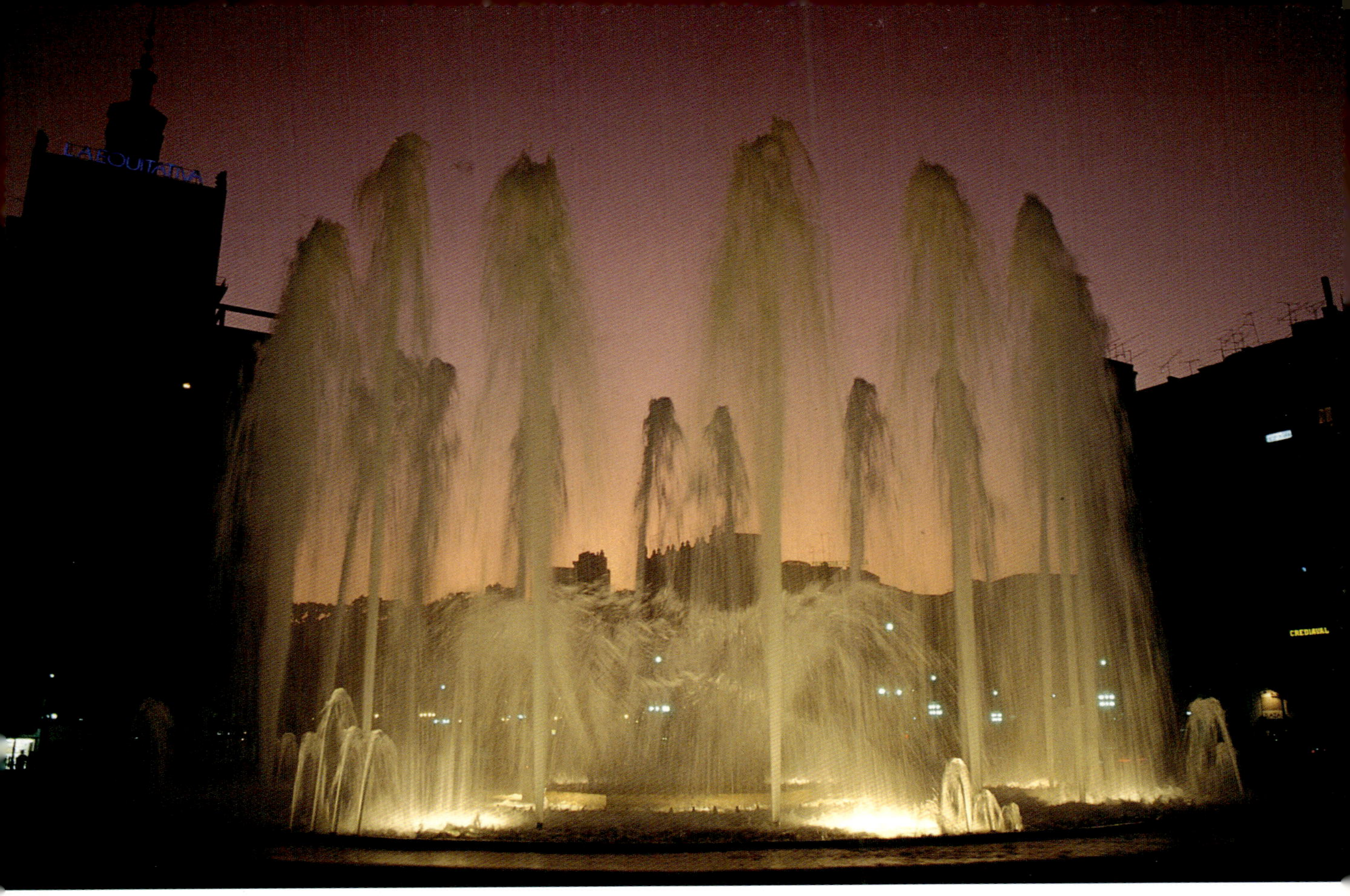
LA EQUITATIVA

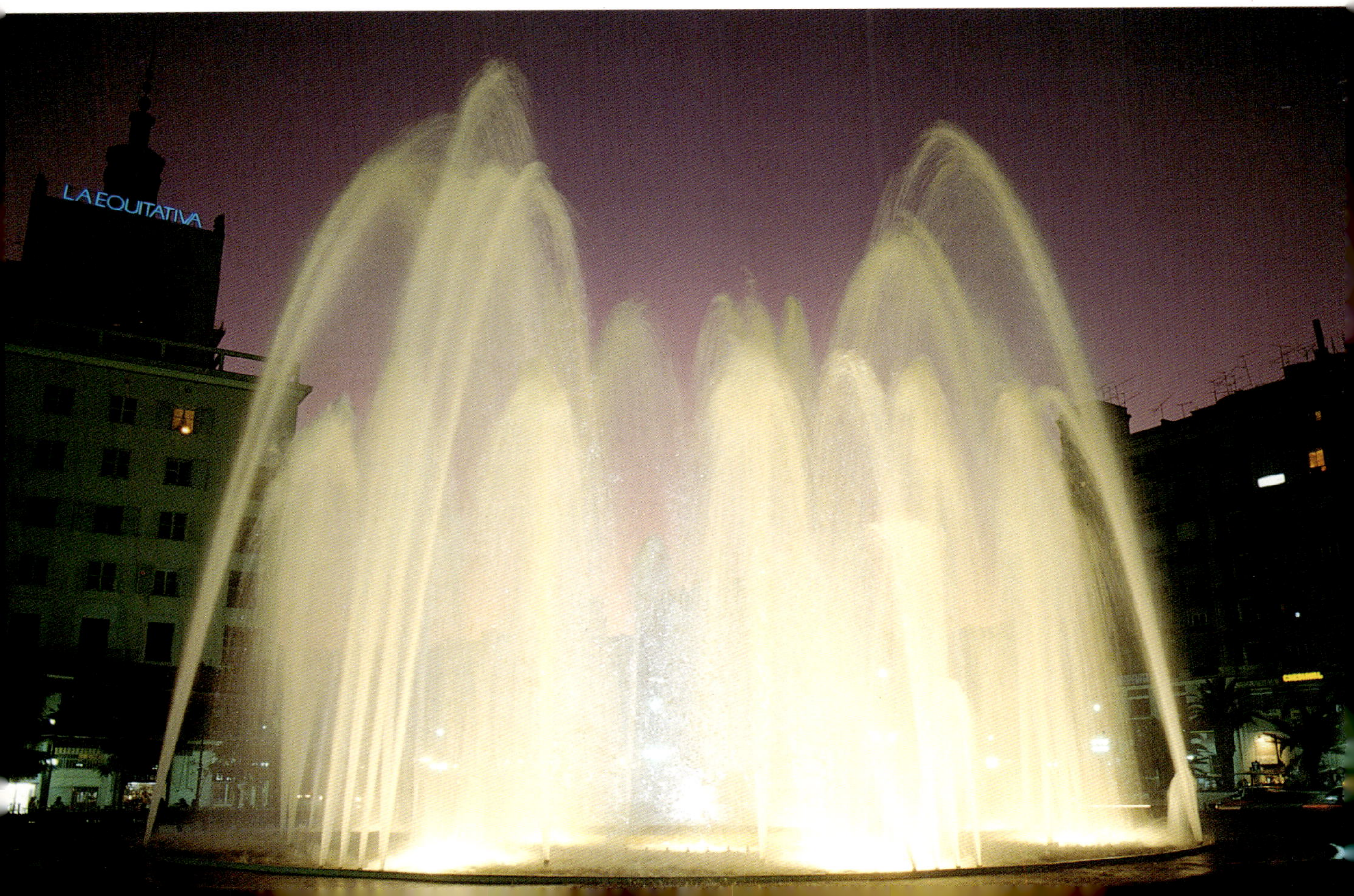
LA EQUITATIVA

*Málaga, Plaza de la Merced: Obelisk für den General Torrijos; Plaza de la Costitucion: Brunnen auf dem Platz und Iglesia del Santo Cristo de la Salud; Paseo de la Farola: Denkmal des Cenachero.*

## PLAZA DE LA MERCED - PICASSOHAUS

In einem Gebäude an diesem Platz, auf dem auch der **Obelisk an den General Torrijos** (1842) steht, befindet sich die Geburtsstätte Pablo Ruiz Picassos (1881-1973), der zu den großen Genies der Kunst des 20. Jahrhunderts zählt. Das Haus, das bis vor kurzem nur durch eine bescheidene Tafel gekennzeichnet war, ist seit 1988 Sitz der *Stiftung Picasso*.

## IGLESIA DEL SANTO CRISTO DE LA SALUD

Die Kirche steht in der Nähe der *Plaza de la Constitución* mit ihrem hübschen Brunnen. In die erste Hälfte des 17. Jahrhunderts zu datieren, ist das Gotteshaus ein bemerkenswertes Erzeugnis des spanischen Manierismus. Es wird nach oben hin von einer Kuppel abgeschlossen, die auf einem polygonalen Tambour aufliegt. Hier ist der Bildhauer Pedro de Mena beerdigt.

## "EL CENACHERO"

Das Denkmal des Cenachero, d.h. des Fischverkäufers, steht auf dem *Paseo de la Farola*. Die Skulptur erinnert an eine volkstümliche Figur, die heute nicht mehr existiert. Sie bot den Frauen ihre Fische zum Kauf an,

*Málaga, malerische Ansichten des Pasaje de Chinitas; Blick auf den Palaciio de los Condes de Buenavista, Sitz des Museums von Málaga.*

indem sie mit ihren Körben *(cenacho)*, die sie auf den Schultern oder an den Ellbogen trug, schaukelte. Dieses nur für Málaga typische Original lief barfuß und war in überaus wundersamer Weise gekleidet.

## PASAJE DE CHINITAS

Dieser Weg, der durch ein besonders typisches Viertel führt, bildet einen der malerischsten Winkel Málagas. Hier befand sich seinerzeit der *tablao del Café de Chinitas* (heute nicht mehr vorhanden), der zu den bekanntesten Treffpunkten der *bailaores* und *cantaores* gehörte. Unter seinen namhaften Gästen ist vor allem García Lorca zu erwähnen, der hier zu den Versen eines berühmten Gedichtes angeregt wurde.

## MUSEO DE BELLAS ARTES (MUSEO DE MÁLAGA)

Die Sammlungen sind in dem mit Türmen bewehrten **Palacio de los Condes de Buenavista** (16. Jh.) ausgestellt. Man kann hier gotische Malerei vom 13. bis zum 15. Jh. bewundern. Außerdem gibt es Gemälde aus der Renaissance und dem Barock, Skulpturen von Pedro de Mena sowie Werke von Künstlern der Schule von Málaga. Darüber hinaus beachte man die bekannte *Herzanatomie* von E. Simonet und einen Saal, der ausschließlich Picasso gewidmet ist.

*Torremolinos, Ansichten der Küste und der "Paseo Marítimo" genannten Promenade.*

# TORREMOLINOS

Der wichtigste Bade- und Urlaubsort der Costa del Sol gehört zu den bekanntesten Touristenzentren des Gebietes um Málaga. Die ersten Siedlungen an dieser Stelle gehen auf die Jungsteinzeit zurück. Später ließen sich hier Iberer, Phönizier, Karthager, Griechen und Römer nieder, um das Gebiet letztendlich der arabischen Kolonisation zu überlassen. Die Ursprünge des Ortsnamens kommen von dem antiken Turm de Pimentel (14. Jh.) und einigen heute verfallenen Mühlen. In späterer Zeit entstand hier ein Dorf (18. Jh.), aber die große städtebauliche Entwicklung der Ortschaft geht auf die sechziger Jahre des 20. Jahrhunderts zurück. In jener Zeit begann das außergewöhnliche Wachstum des Stadtgebietes von Torremolinos, das sich heute praktisch ohne Unterbrechung bis nach Benalmádena Costa erstreckt. Unter den zahlreichen Stränden des Ortes erinnern wir nur an den von *La Carihuela*, den von *Playamar* und den von *El Bajondillo*. In Torremolinos ist das moderne **Kongreß- und Ausstellungsgebäude** bemerkenswert (1967).

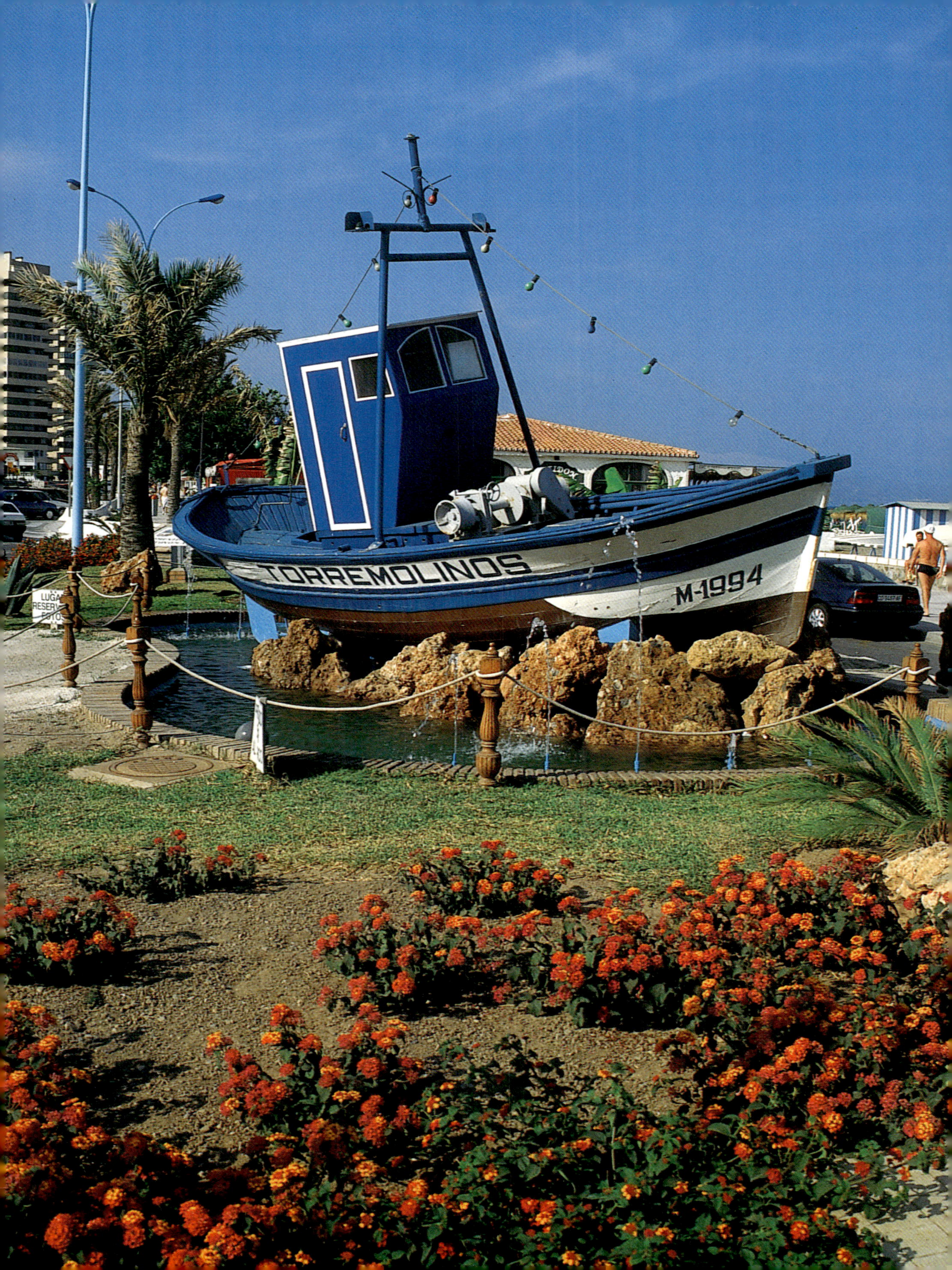
TORREMOLINOS
M-1994

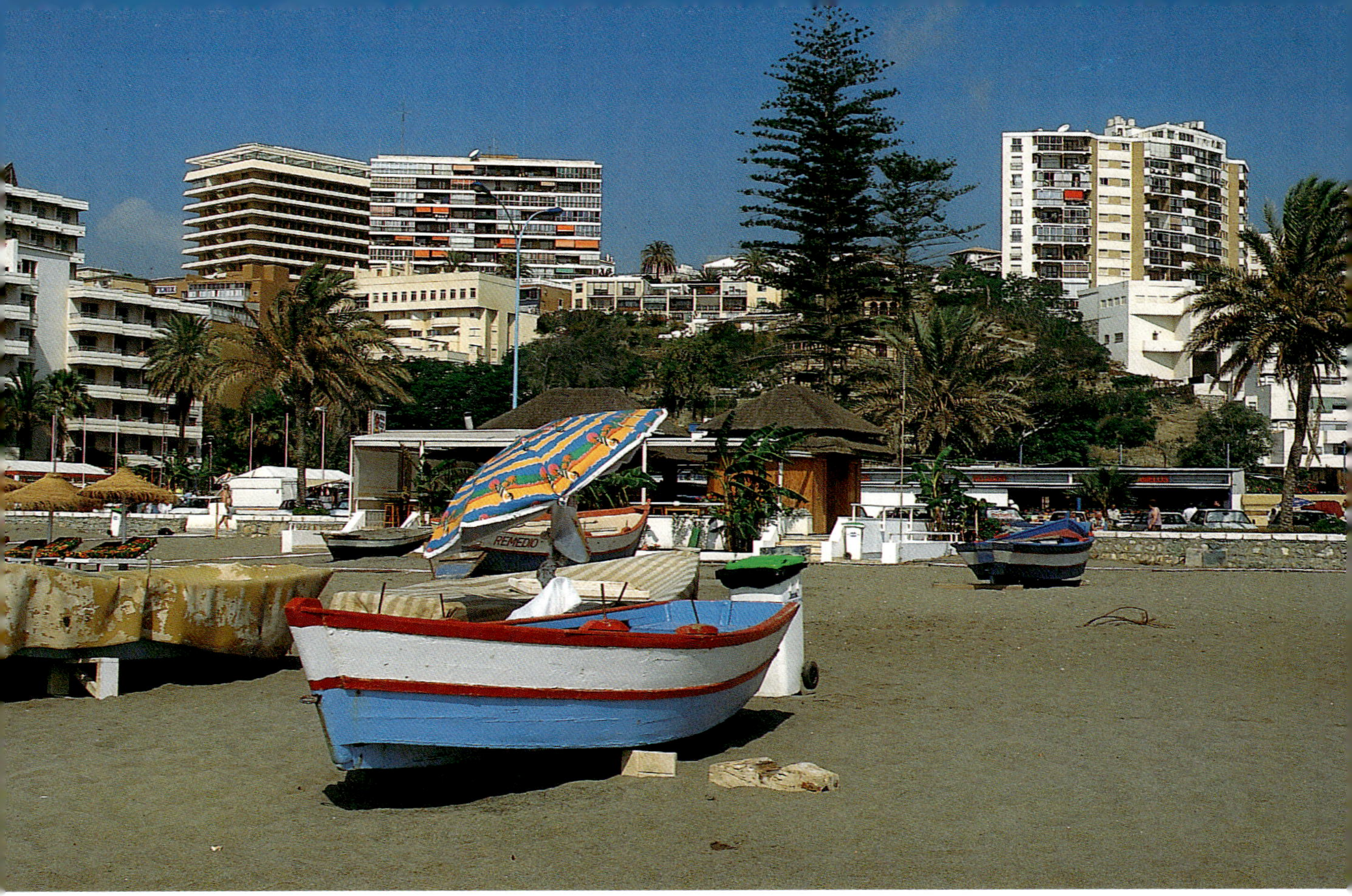
REMEDIO

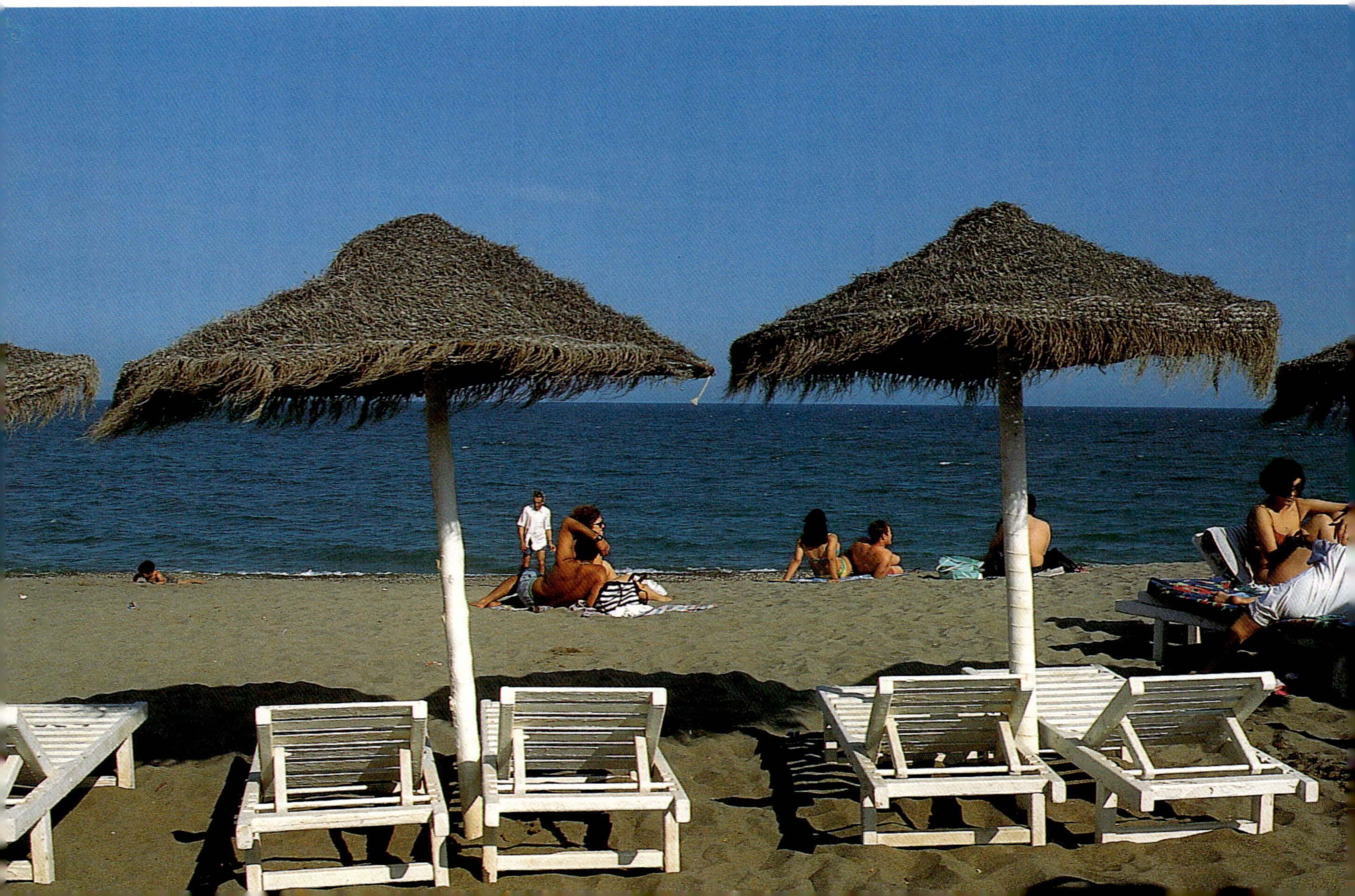

*Torremolinos, weitere malerische Aspekte der Küste mit Fischerbooten und Strandeinrichtungen für alle Wassersportarten: Windsurfen, Segelboote, Wassermotorsport.*

*Torremolinos, traditionelle und moderne Bauten an der Küste und eine schöne Ansicht der "Casa de Los Navaja" mit unverkennbar arabischen Stilelementen.*

*Benalmádena, Brunnen auf der Plaza de España und Blick auf Benalmádena-Costa und den Hafen.*

# BENALMÁDENA

Zur Gemeinde von Benalmádena gehören über den Ortskern hinaus, der durch seine typisch andalusischen, weißen Wohnhäuser auffällt, unter anderem auch die direkt an der Küste liegende Ortschaft Benalmádena Costa und Arroyo de la Miel. Das einst von Phöniziern und Römern besiedelte Zentrum entwickelte sich unter den Arabern weiter und wurde 1485 von den Katholischen Königen eingenommen. Heute gibt es in Arroyo de la Miel den bekannten Vergnügungspark **Tivoli World** und in der Umbebung von Benalmádena Costa liegt das **Kasino von Torrequebrada**. Von den renommiertesten Stränden erwähnen wir diejenigen von *Malapesquera, Santa Ana, Fuente de la Salud, Cajon* und *Torrebermeja*. Im Ort befindet sich das interessante **Archäologische Museum**, dessen Sammlung sich mit der Vorgeschichte und mit der präkolumbianischen Zivilisation Mexikos befaßt. Wir erinnern auch an die Reste eines **Römischen Torbogens** und einer **Moschee** sowie an die Türme **Bermeja** (14. Jh.), **Quebrada** und des **Muelle** (beide aus dem 16. Jh.).

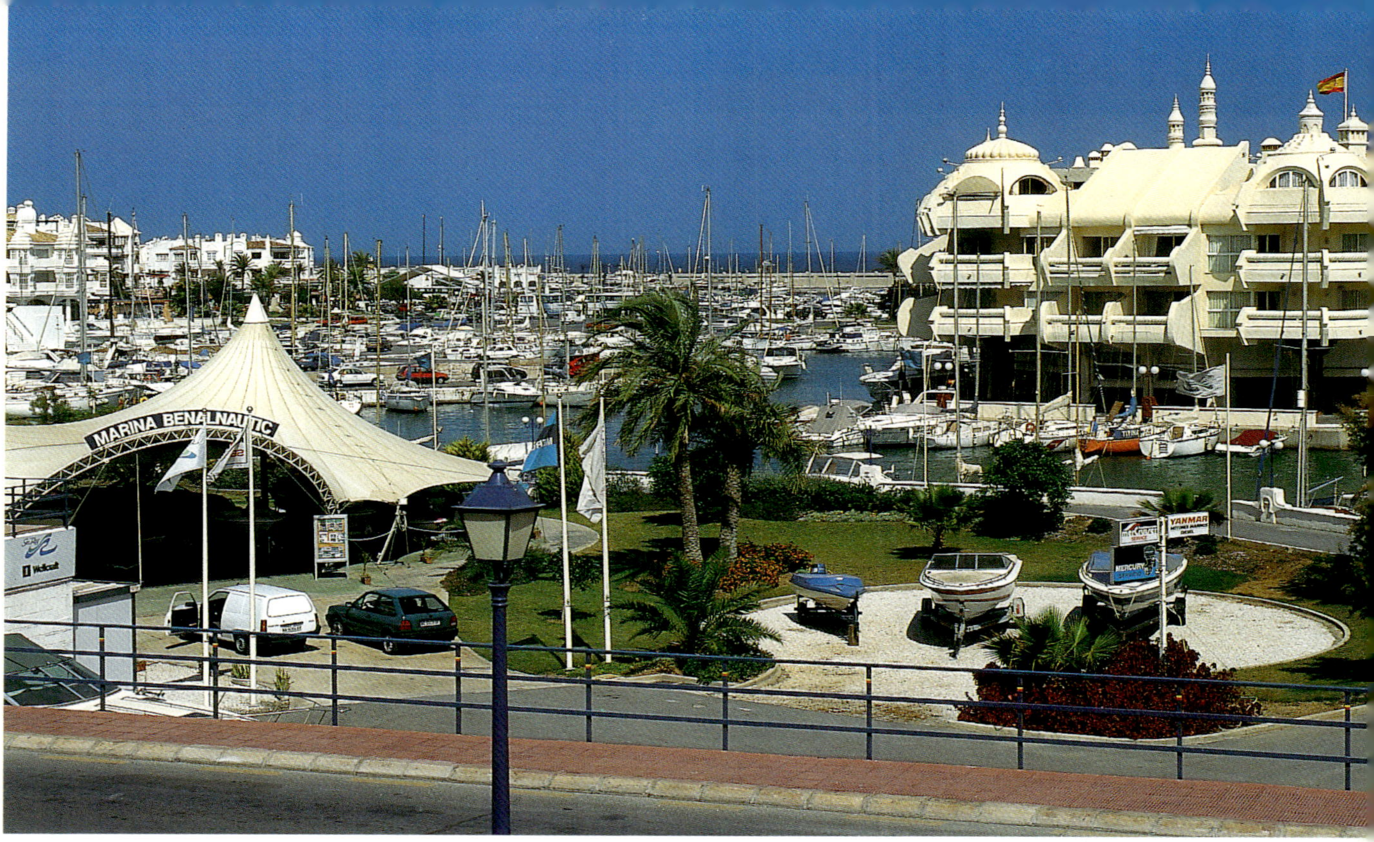
MARINA BENALNAUTIC
YANMAR

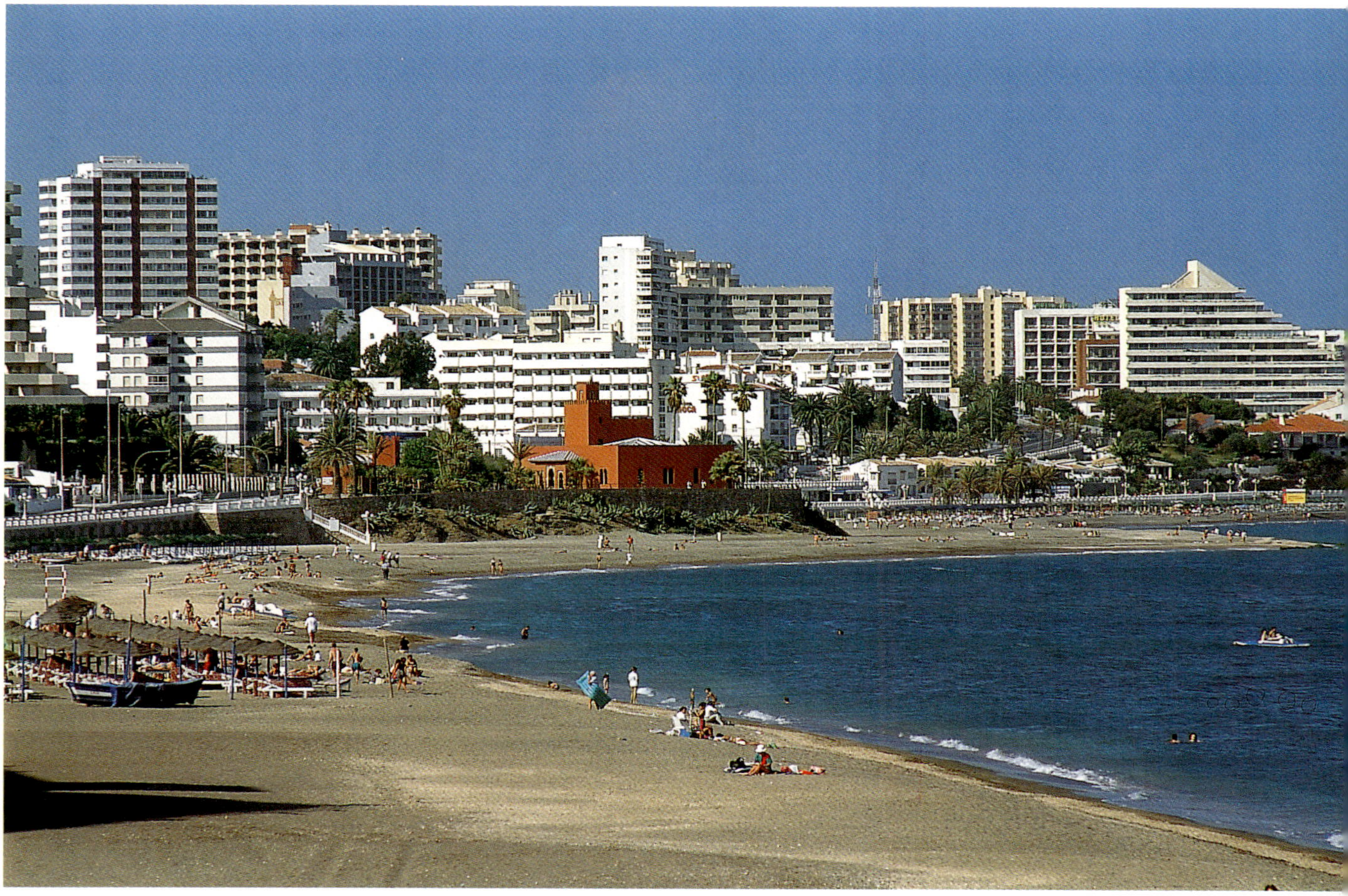

Benalmádena, eine malerische Ansicht des Castillo Bil-Bil in Benalmádena-Costa.

Benalmádena, das Castillo Bil-Bil, ein nur wenige Meter vom Meer gelegenes, zauberhaftes Schloß mit reicher Dekoration, die arabische und moderne Stilelemente vereint und der Küstenlandschaft eine farbliche Note verleiht.

Benalmádena, zwei Ansichten des Castillo de Colomares, das als Monument zu Ehren von Christoph Kolumbus und der Entdeckung Amerikas erbaut wurde. Die gesamte Burganlage und die tausend Dekorationen rufen eine märchenhafte Atmosphäre und eine geschichtsträchtige Vergangenheit wach, die es zu entdecken lohnt.

Benalmádena, "Jardín de las Aguilas": in diesem prächtigen Garten befindet sich eine Station für die Rettung und Pflege von Vögeln, die vom Aussterben bedroht sind.

*Mijas, eine Aufnahme der Eselchen, die von den Einheimischen "Burros-Taxi" genannt werden.*

*Mijas, zwei hübsche Eindrücke der Ortschaft mit den typisch andalusischen Häusern.*

# MIJAS

Der typische andalusische Höhenort erstreckt sich an den Hängen der gleichnamigen Sierra, die sich über der Ortschaft erhebt, und ist von dichten, grünen Pinienhainen umgeben, die die gesunde Luft der Hügellandschaft mit balsamischen Düften durchsetzen. Das Dorf ist zum beliebten Wohnsitz für Künstler und Ausländer geworden, die es wegen seiner einmaligen Lage in der Natur, wegen des intensiven Grüns der Umgebung und des eindrucksvollen Charakters seiner Berge bevorzugen. Dazu kommen die bezaubernden Panoramen, die man von seinen zahlreichen Aussichtspunkten aus bewundern kann und von denen aus der Blick über das intensive Blau des Mittelmeers und die schillernden Farben der Gipfel der Sierra gleitet.

Wie viele andere Orte in diesem Teil der Region Andalusiens rühmt sich auch Mijas einer Vergangenheit, die bis zur phönizischen und römischen Kolonisation zurückreicht. Seine Bodenschätze - in der Umgebung baute man hochwertige Qualitäten von Marmor, der als Baumaterial verwendet wurde, ab - bildeten einen Anziehungsfaktor von nicht zu unterschätzender Bedeutung. Unter den Arabern gehörte der Ort eine Zeitlang den Rebellen von Omar-Ben-Hafsún (aus dieser Zeit stammen die Reste einer Burg über dem Dorf).

Wirklich erwähnenswert ist die bauliche Struktur der Ortschaft, vor allem in ihrem ältesten Teil: die malerischen, weißen Häuschen liegen an engen Sträßchen, in denen die einheimischen Handwerker den Touristen und Besuchern ihre Arbeiten anbieten. In dieser ganz auf den Menschen zugeschnittenen Umgebung gibt es zum Glück keinen Platz für die grausame "Zivilisation" der Autos. Den Kindern und den fauleren Touristen bietet sich die einzigartige Möglichkeit, das Dorf auf dem Rücken eines Esels zu besichtigen. Die sympathischen Tiere, die vor Ort *Burros-Taxi* (wörtlich: "Esel-Taxi") genannt werden, bilden, mit vielfarbigem Geschirr festlich herausgeputzt, eines der Elemente des charakteristischen und vielfältigen lokalen Brauchtums. Von den Badesträndern in der Umgebung von Mijas, die sich

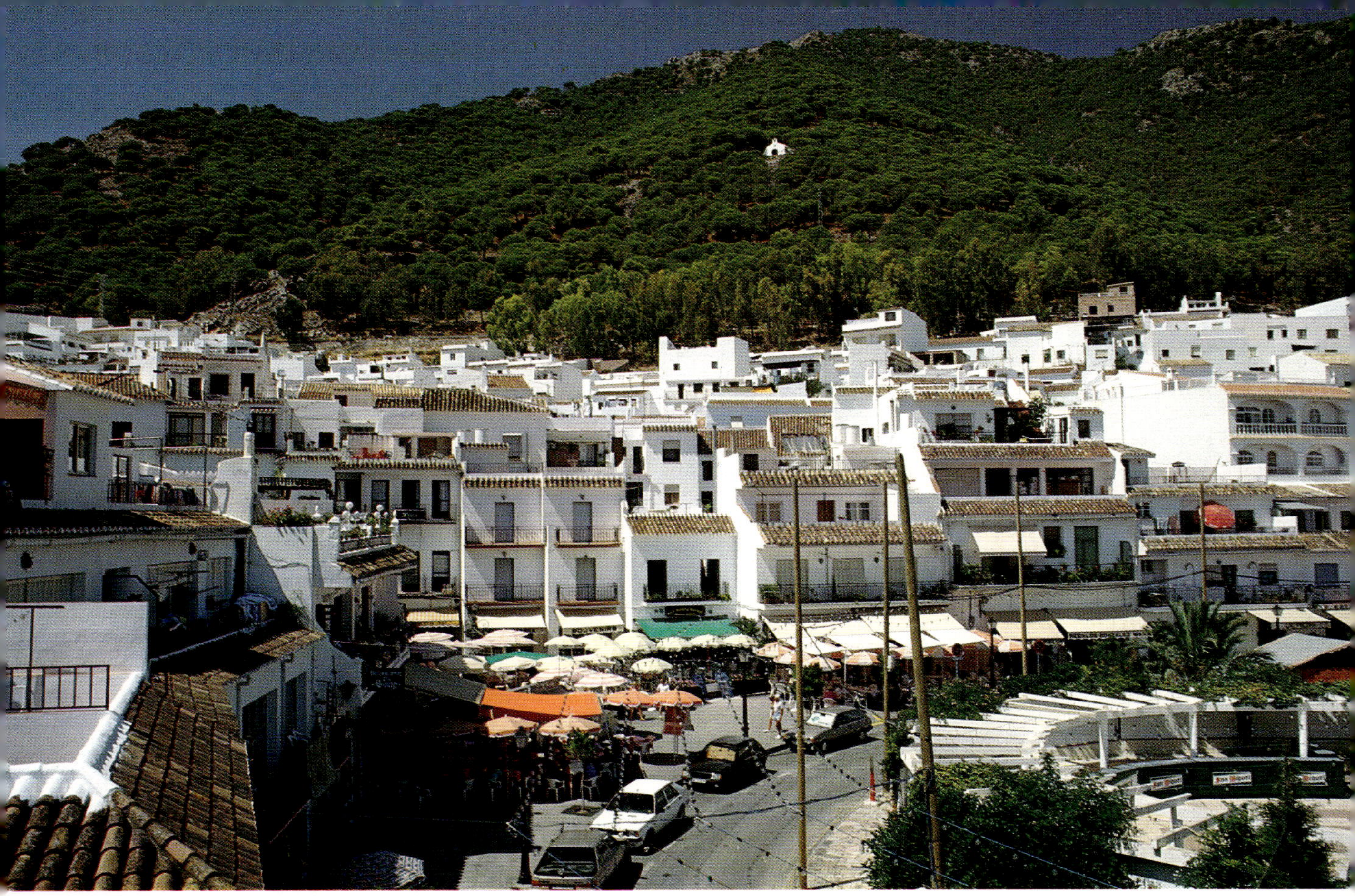

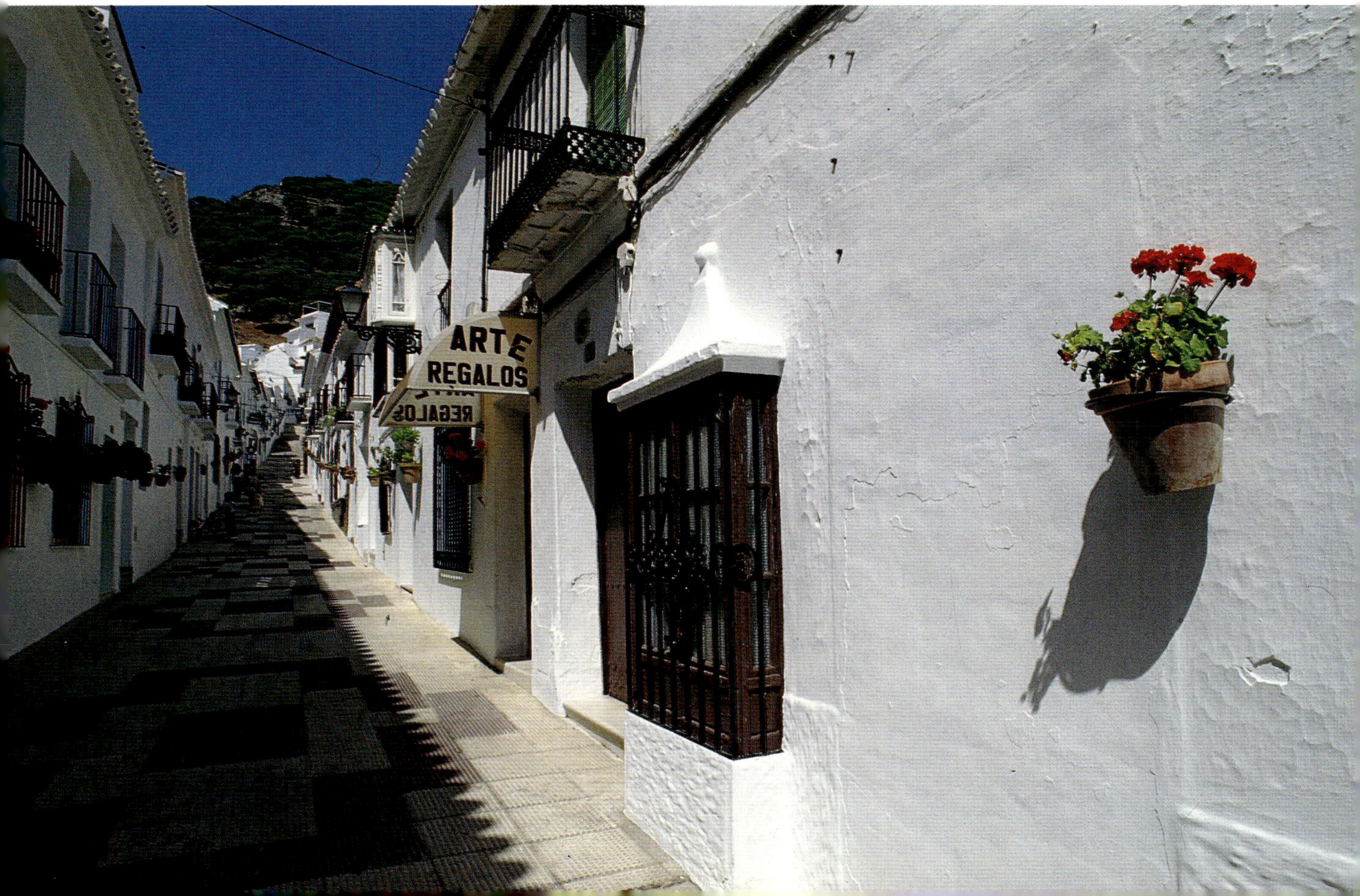
ARTE
REGALOS

*Mijas, diese Aufnahmen dokumentieren den typischen Charakter der andalusischen Ortschaften: weiße Häuschen, enge Straßen und friedliche kleine Plätze.*

*Mijas, eine Ansicht des Santuario de la Virgen de la Peña und ein Detail im Innenraum.*

zwischen Fuengirola und Marbella erstrecken, erwähnen wir nur diejenigen von *Chaparral, Cala del Moral, Calahonda, Butibamba, Artola* und *Real de Zaragoza*.

Unter den touristischen Sehenswürdigkeiten des Ortes, der eine bemerkenswerte **Plaza de Toros** besitzt, sollte man einige kleine Kirchen und Kapellen des 17. und 18. Jahrhunderts nicht außer acht lassen. Die bekannteste darunter ist das **Santuario de la Virgen de la Peña,** eine einzigartige Wallfahrtskirche, die einige Mönche in den Felsen gehauen haben (1520). In der eindrucksvollen Grotte, die heute noch das Ziel vieler Wallfahrer und Besucher ist, befindet sich das verehrte Bildnis der *Virgen de la Peña*, der Schutzheiligen des Ortes.

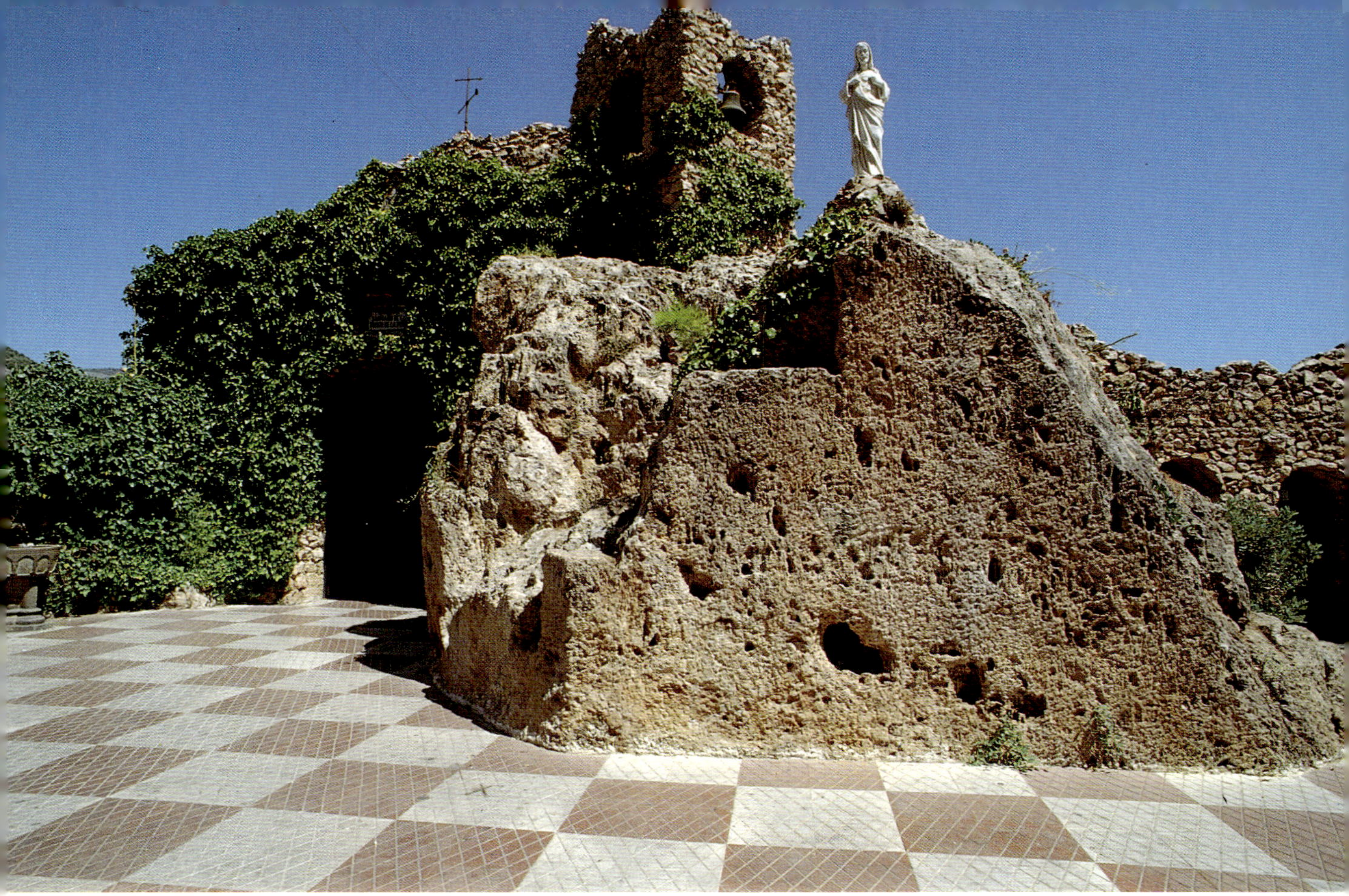
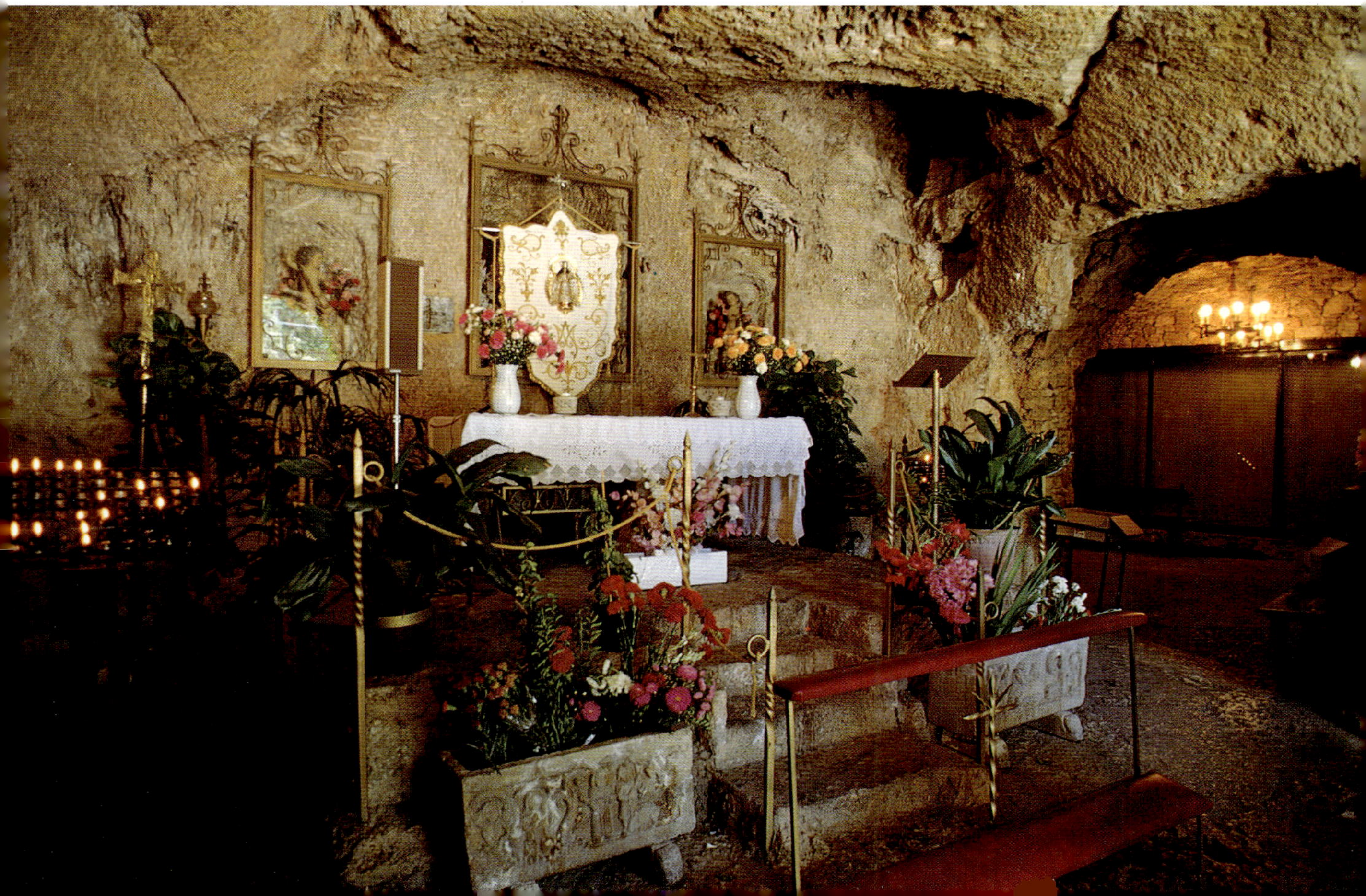

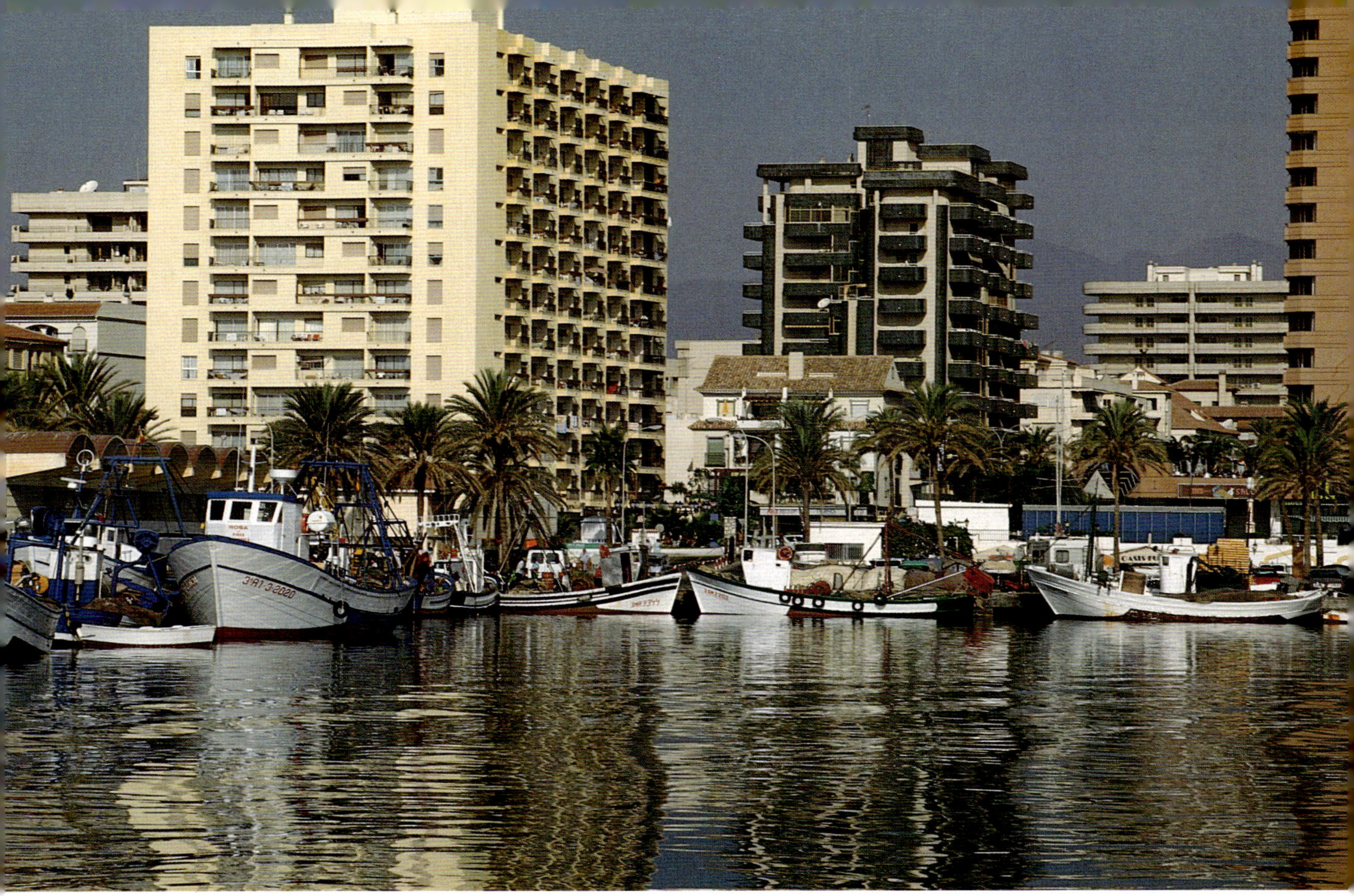

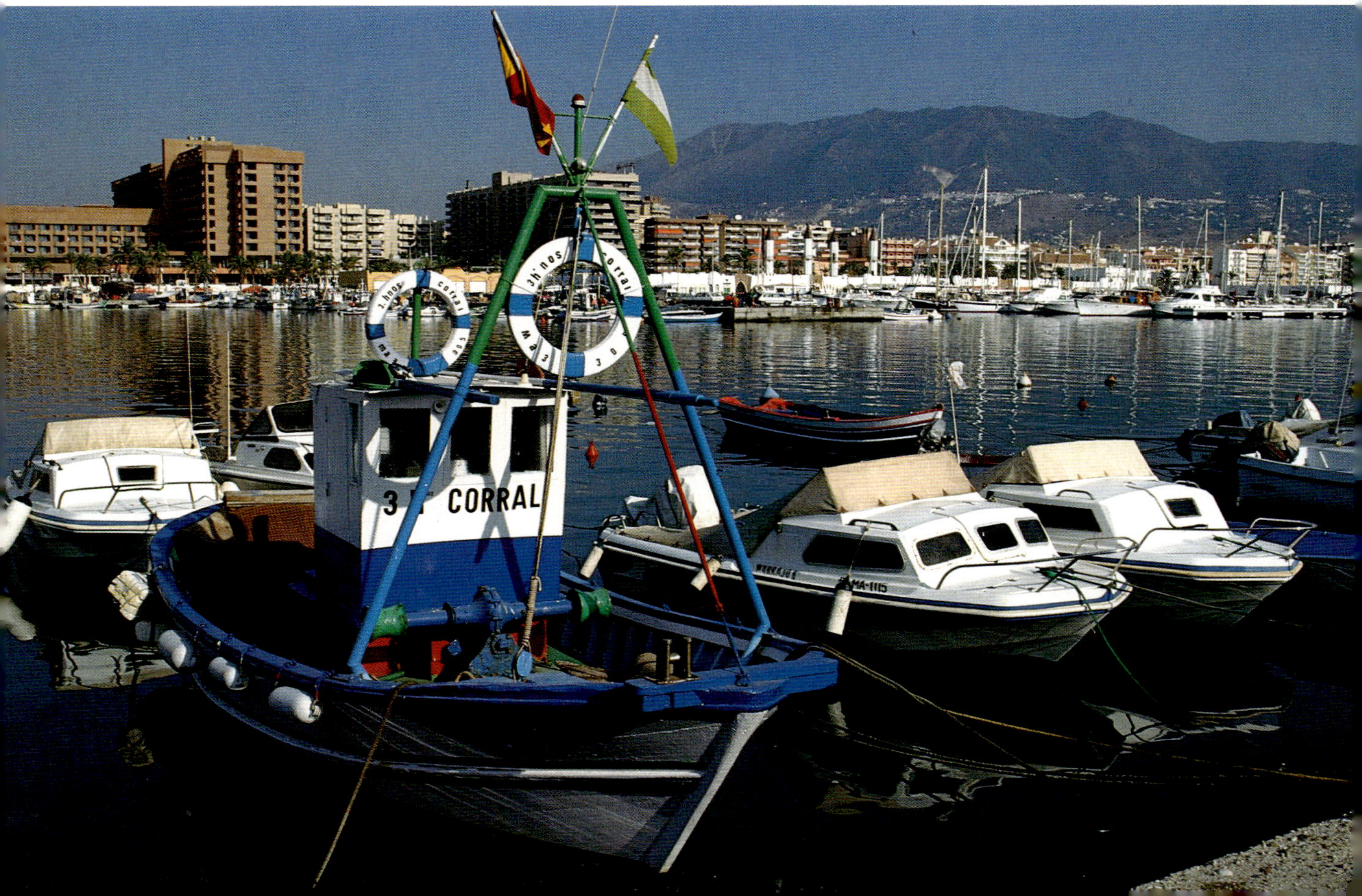
CORRAL

Fuengirola, Ansichten des Küstenortes und seines Hafenbeckens.

Fuengirola, Jachten im Hafen für Touristen und ein charakteristisches Fischerboot.

# FUENGIROLA

Als wichtiges Städtchen für den Tourismus und Badeurlaub liegt Fuengirola an der wunderschönen Costa del Sol zwischen Torremolinos und Marbella, im Rücken geschützt von den nahegelegenen Ausläufern der Sierra de Mijas. Der Ort, obwohl er sich einer bedeutenden Geschichte rühmen kann, besitzt nur noch wenige Zeugnisse seiner Vergangenheit und zeigt den Touristen und Urlaubern eine unverwechselbar moderne Ansicht, die von den erst jüngst gebauten Hotel- und Wohnungskomplexen geprägt wird. Schon unter den Phöniziern und Karthagern bekannt, wurde die Siedlung unter dem Namen *Suel* romanisiert und erhielt sogar den Titel eines *Municipium*. In arabischer Zeit wurde sie auch wegen eines Sterns, der über der Festung am Himmel stand, *Sohail* genannt und spielte eine bedeutende Rolle. In der zweiten Hälfte des 9. Jahrhunderts war der Ort Schauplatz von Wickingereinfällen bis er während der Rückeroberung durch die Truppen des Kalifen Abderramán teilweise zerstört wurde. Gegen Ende des 14. Jahrhunderts ließen sich einige Kaufleute

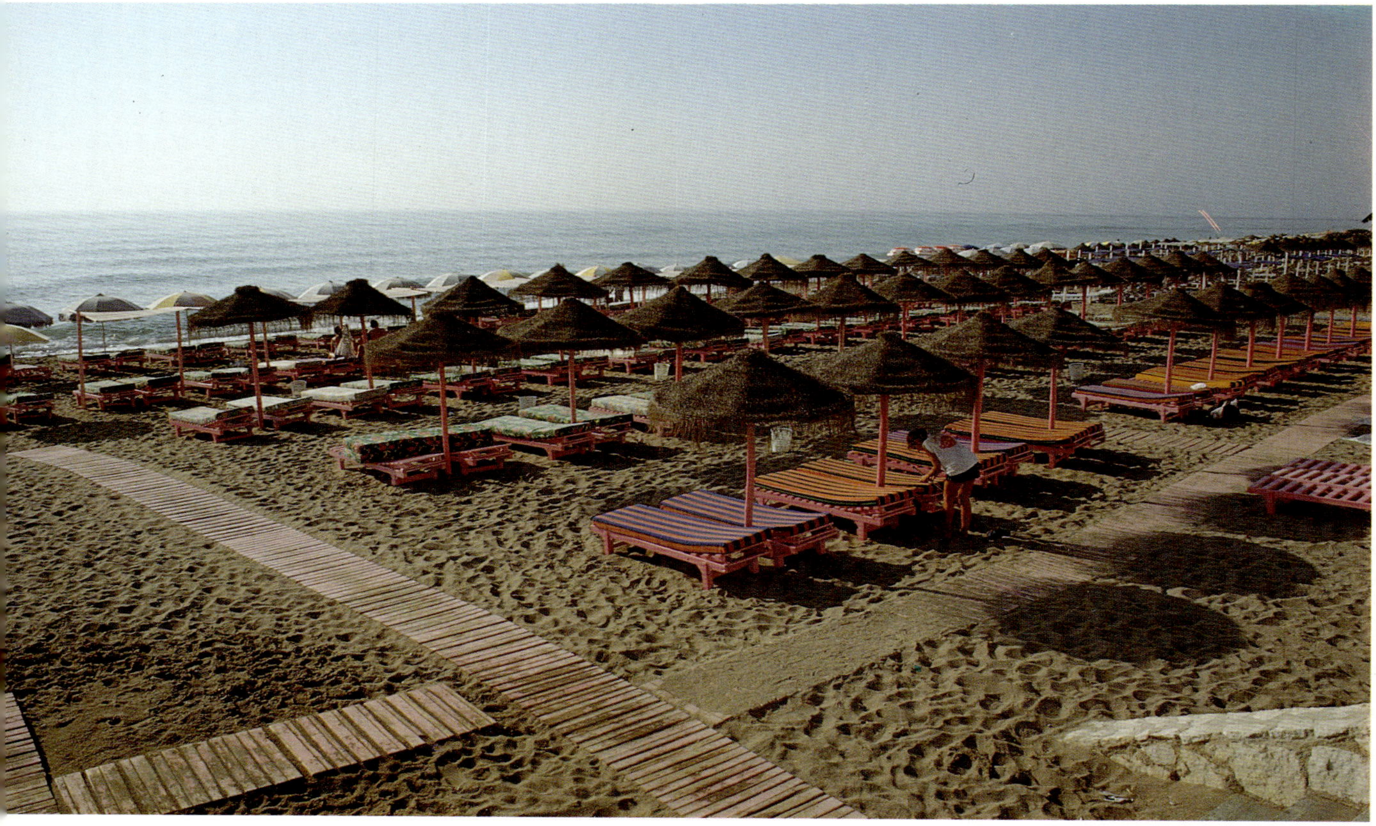

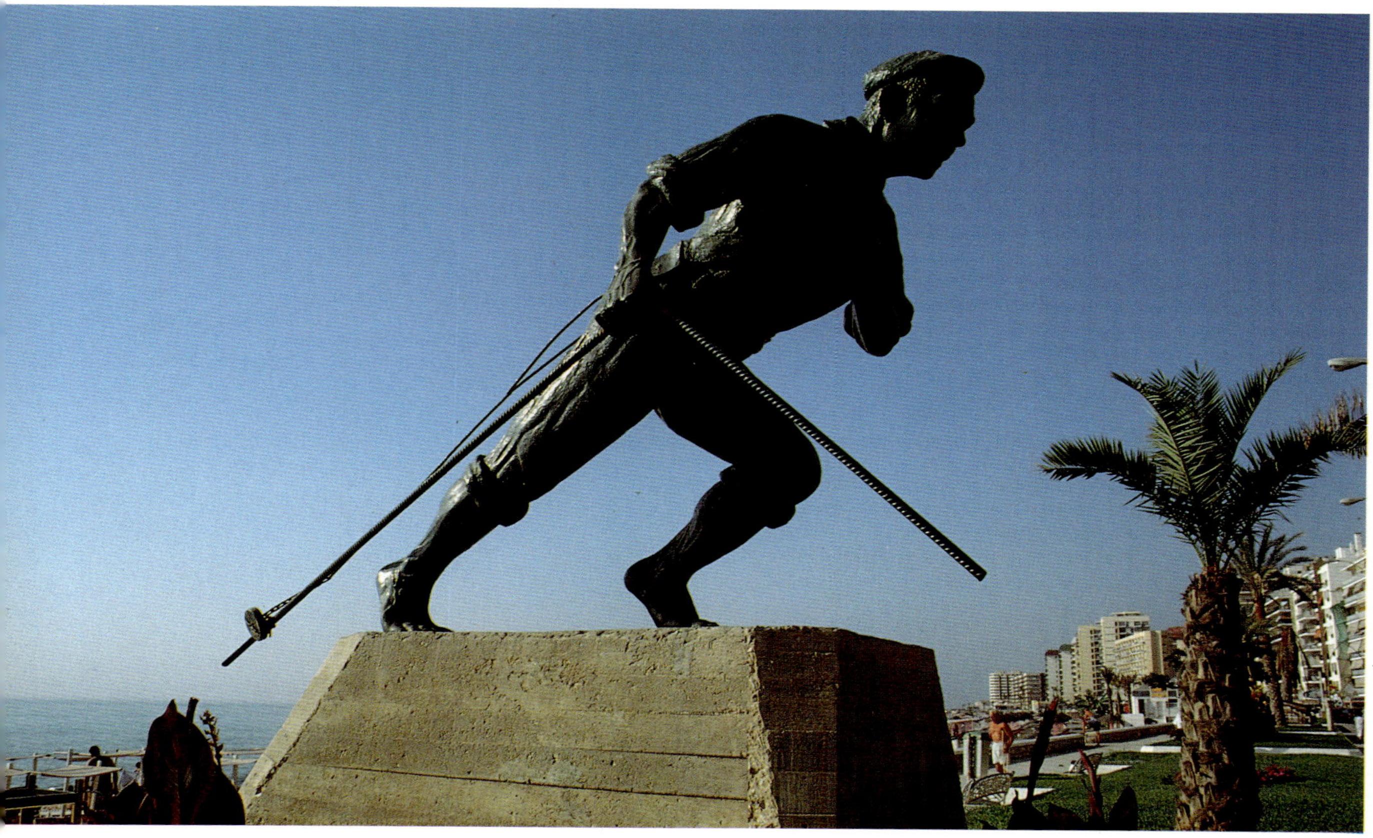

*Fuengirola, der Strand und das Denkmal des "Pescadors".*

*Fuengirola, Blick auf den Paseo Marítimo mit einer alten Kanone aus der Burg; Ansicht des Platzes mit der Pfarrkirche.*

aus Genua an der Stelle nieder, die heute *Los Boliches* genannt wird, und gründeten gewinnbringende Handelsunternehmen. Vor der Wiedereroberung seitens der Katholischen Könige wurde der Ort von einem Feuer verwüstet, so daß er danach für lange Zeit unbewohnt blieb. Der Ortsname Fuengirolas kommt entweder von *Font-Jirola*, der Zusammenziehung eines römischen Ausdrucks, der eine Quelle bezeichnete, oder von den Booten *(gironas)*, die von den Fischern aus Genua und aus dem Orient benutzt wurden. Das moderne Küstenstädtchen ist mit jeglicher Art von Vergnügungsmöglichkeiten für die Gäste und mit einem ausgebauten Hafenbecken für die Touristen versehen. Seine Strände, darunter die bezaubernden sandigen Ufer der *Playa de las Gaviotas, Playa de los Boliches, Playa de Santa Amalia* und *Playa de la Campana,* dehnen sich über sieben Kilometer aus. Zu den interessantesten Sehenswürdigkeiten gehören die zahlreichen *murales*, die einige Gebäude schmücken (das sogenannte **Museo Abierto de Fuengirola**, Werk spanischer und ausländischer Maler), das Fischerviertel von Santa Fe de los Boliches und die Ruine eines **Römischen Tempels** (rekonstruiert) am *Paseo Maritimo*.

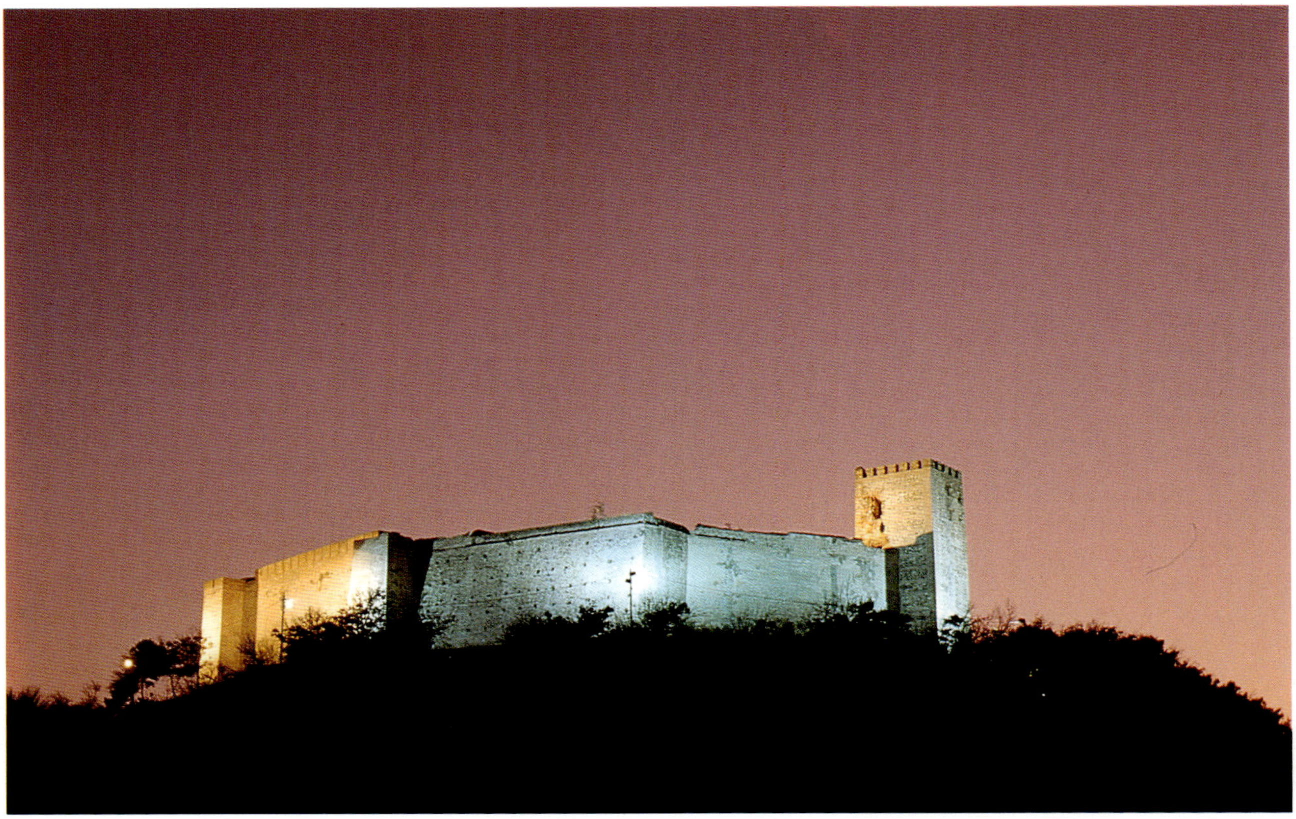

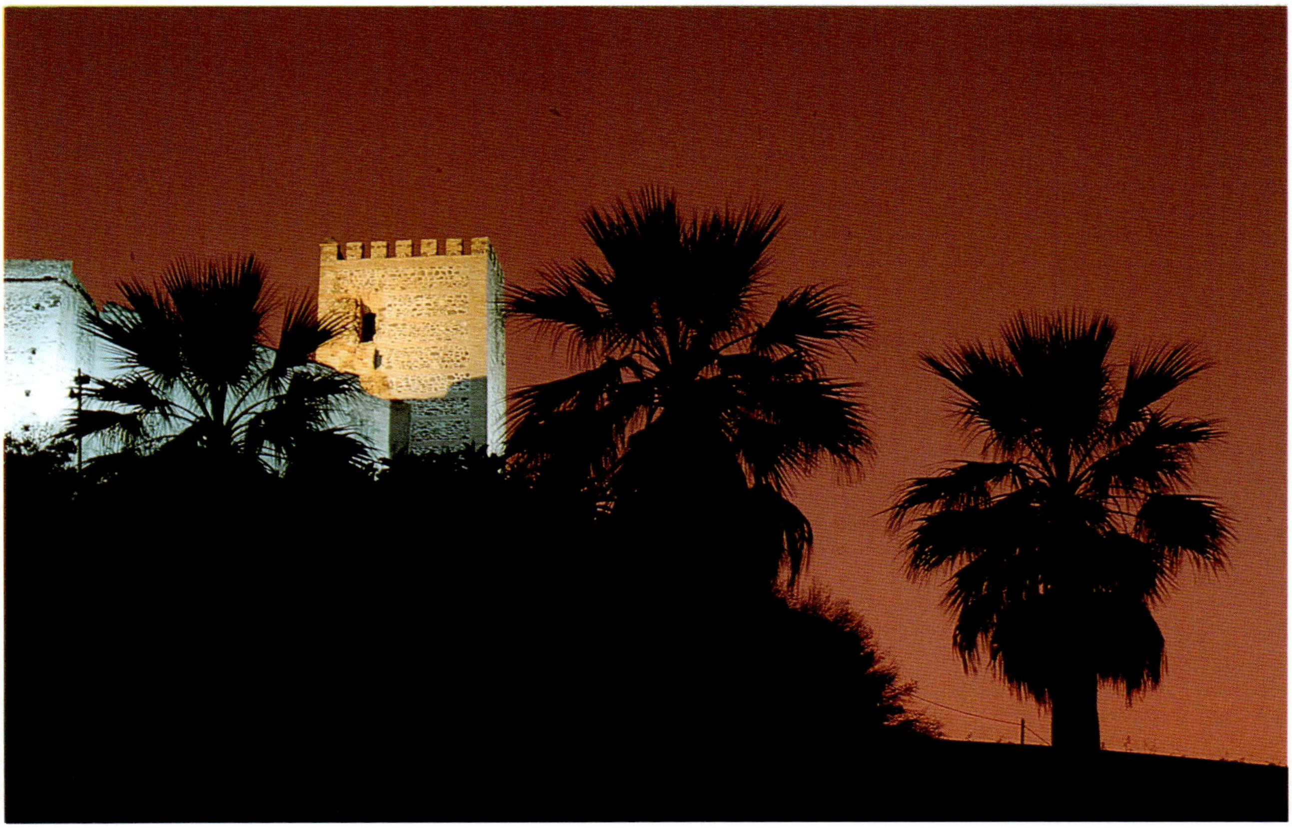

*Fuengirola, die Mauern des Castillo de Sohail. Puerto Banús, eine Ansicht des Hafens und ein Detail der Mole.*

## CASTILLO DE SOHAIL

Am Ort der Burg von Fuengirola befand sich höchstwahrscheinlich ein prähistorischer Befestigungsbau. Es besteht die Möglichkeit, daß die Architekten Abderramáns III., die gegen Mitte des 10. Jahrhunderts mit dem Bau der Festung beauftragt waren, Reste eines Baus aus der Zeit vor der phönizischen Kolonisation verwendet haben. Nach der Wiedereroberung (1485) restauriert, wurde die Burg von König Karl I. mit Kanonen ausgestattet.

## PUERTO BANÚS

Der Ort ist in den siebziger Jahren des 20. Jahrhunderts entstanden und gehört heute zu den anspruchsvollsten und exklusivsten Schmuckstücken des Badetourismus an der Costa del Sol. In seinem ausgeprägt andalusischen Ortsbild erkennt man authentische mediterrane und kantabrische Elemente. Den Badenden stehen die herrlichen Strände von *Playa Puerto Banús* und *Playa Nueva Andalucia* zur Verfügung.

*Marbella, Blick auf die moderne Straße, die zu dem bekannten Küstenzentrum führt.*

*Marbella, ein Ausschnitt des Touristenhafens mit den Strandpromenaden und einem Teil des Sandstrandes.*

# MARBELLA

Marbella, d.h. die *Stadt am schönen Meer*, liegt, wie ihr Name vielleicht etwas übereilt ausdrückt, wie eine Perle von schillernder Schönheit im westlichen Teil der Costa del Sol, an einer wunderschönen Bucht, die ihren weltweiten Ruf den kristallklaren, transparenten Wasser des Mittelmeers verdankt.

Wenn auch das hübsche andalusische Küstenstädtchen eines der meistgenannten stereotypen Touristenziele ganz Spaniens ist, so muß doch gesagt werden, daß sein Ruf nicht ungerechtfertigt ist. Marbella steht ganz sicher eine Stufe über ähnlichen Orten an der Costa del Sol und anderswo. Die Stadt liegt zwischen dem Meer und der Sierra Blanca, die sie vor den kühlen Witterungseinflüssen schützt und genießt deshalb ein außergewöhnlich mildes mediterranes Mikroklima, daß das Überleben einer üppigen und farbenprächtigen Flora sichert, aber vor allem Touristen und Sommerfrischler zu ausgedehnten Ferien in einer traumhaften Gegend veranlaßt. Erstklassige Hotelanlagen, drei Hafenbecken für Freizeitseefahrer und eine unendliche Vielfalt an Sportmöglichkeiten, zahlreiche hervorragend angelegte Golfplätze eingeschlossen, machen aus Marbella ein Zentrum, das an der Spitze des spanischen Tourismusangebots an der Schwelle zum 21. Jh. steht; gar nicht zu sprechen von den tausend Möglichkeiten, die dem Urlauber auf der Suche nach typischen Lokalen, Diskotheken und der geschmackvollen einheimischen Küche geboten werden.

Die städtebauliche Struktur des Ortes vereint die typischen Aspekte andalusischer Dörfer, wie enge Gäßchen, die von weißen Häuschen flankiert werden, im historischen Stadtkern mit den überwiegenden Merkmalen der Entwicklung auf dem Tourismussektor in den siebziger und achtziger Jahren, zu denen moderne und funktionale

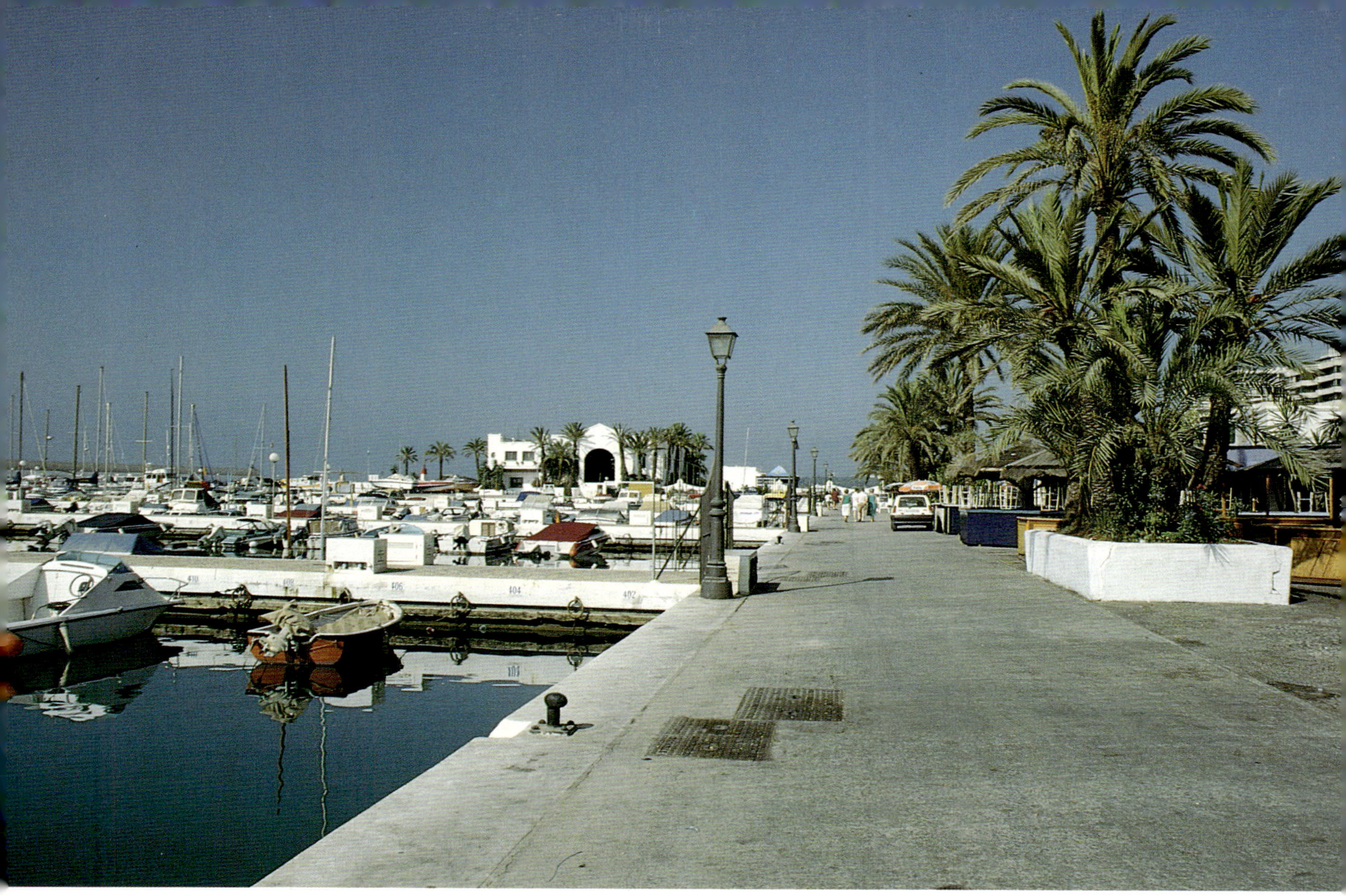

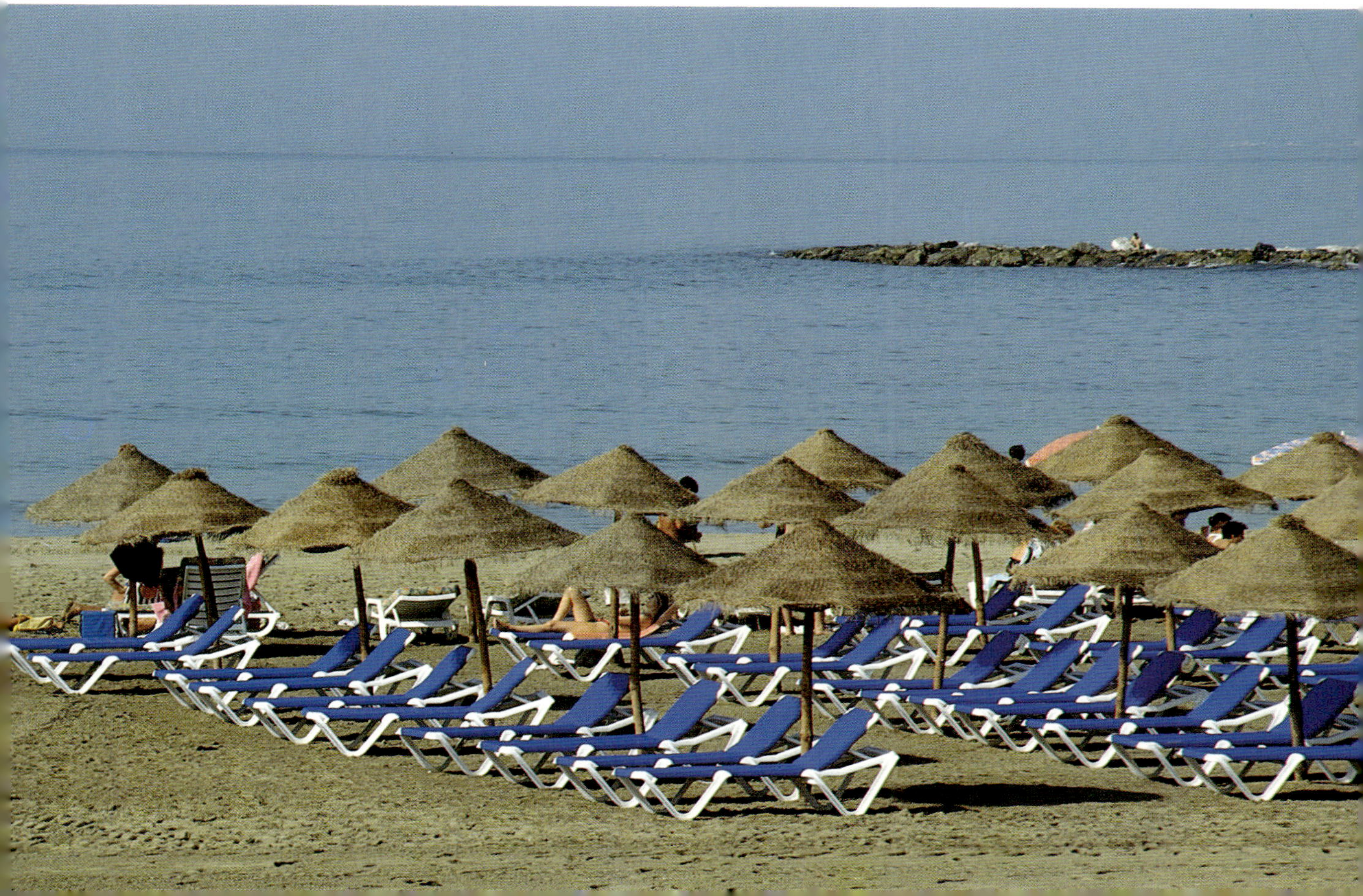

*Marbella, eine Ansicht der eleganten Plaza de los Naranjos und eine Aufnahme ihres Brunnens.*

Ferienkomplexe, Hotels und Wohngebiete gehören. Der aus dieser Mischung entstehende Effekt enttäuscht den Blick des Besuchers jedoch in keiner Weise, sondern erzeugt einen magischen Reiz, der vom Blau des Meeres, vom intensiven Grün der Gärten, von der reichen Üppigkeit der Palmen und vom strengen, aber beschützenden Profil der Sierra noch erhöht wird.

Der breite Küstenstreifen Marbellas erstreckt sich über ca. 28 km zwischen Cabopino und Puerto Banús. Zu den herrlichen Stränden mit feinem goldfarbenen Sand gehören die *Playa de las Chapas*, die *Playa de Alicante*, die *Playa de Los Monteros*, die *Playa de El Pinillo*, die *Playa de La Bajadilla*, die *Playa de Venus* und außerdem in Richtung Puerto Banús die *Playa de Casablanca*, die *Playa de Nagueles*, die *Playa de El Ancón* und die *Playa de Río Verde*.

Die ersten menschlichen Siedlungen in diesem Gebiet gehen in die Altsteinzeit zurück, aber erst unter den Römern hatte der Ort eine eigene Bedeutung, nachdem er vorher von Phöniziern, Karthagern und Griechen besiedelt und von Seefahrern jeglicher Art angelaufen worden war. In

*Marbella, Majolika-Kacheln mit religiösen Motiven; ein typisches Sträßchen mit einem Glockenturm; ein Teil der Mauern der arabischen Festung.*

der Nähe der heutigen Stadt gründeten die Römer *Salduba* und *Silniana*; unter den Arabern hatte der Ort vorwiegend militärische Bedeutung und war wichtig für die Verteidigung. Erst die Katholischen Könige gaben ihm seine Stadtwürde zurück (1485). Die Vorläufer der jüngsten Entwicklung machten sich schon im 18. und 19. Jh. bemerkbar, als die Ortschaft aufgrund des Abbaus der gewaltigen Erzvorkommen in der nahegelegenen Sierra Blanca wuchs. In neuerer Zeit setzte, quasi als Ersatz für das Zurückgehen der Aktivität im Bergbau und Hüttenwesen, eine unaufhaltsame Entwicklung des Tourismus und allem, was dazu gehört, ein.

Unter den Sehenswürdigkeiten von touristischem Interesse erinnern wir an die sogenannte **Villa de Río Verde**, ein bedeutendes Zeugnis aus römischer Zeit, in der man einen wertvollen Mosaikfußboden gefunden hat. Außerdem bemerkenswert sind die Reste der **Stadtmauer**, die unter den Arabern gebaut wurde, und die Ruine der zeitgleichen **Festung** mit zylindrischen Ecktürmen und Zinnen auf Mauern und Türmen. Auf der zentralen **Plaza de los Naranjos** steht ein schöner Brunnen. Sie fällt durch ihre saubere Eleganz, die weißen Häuser, die sie be-

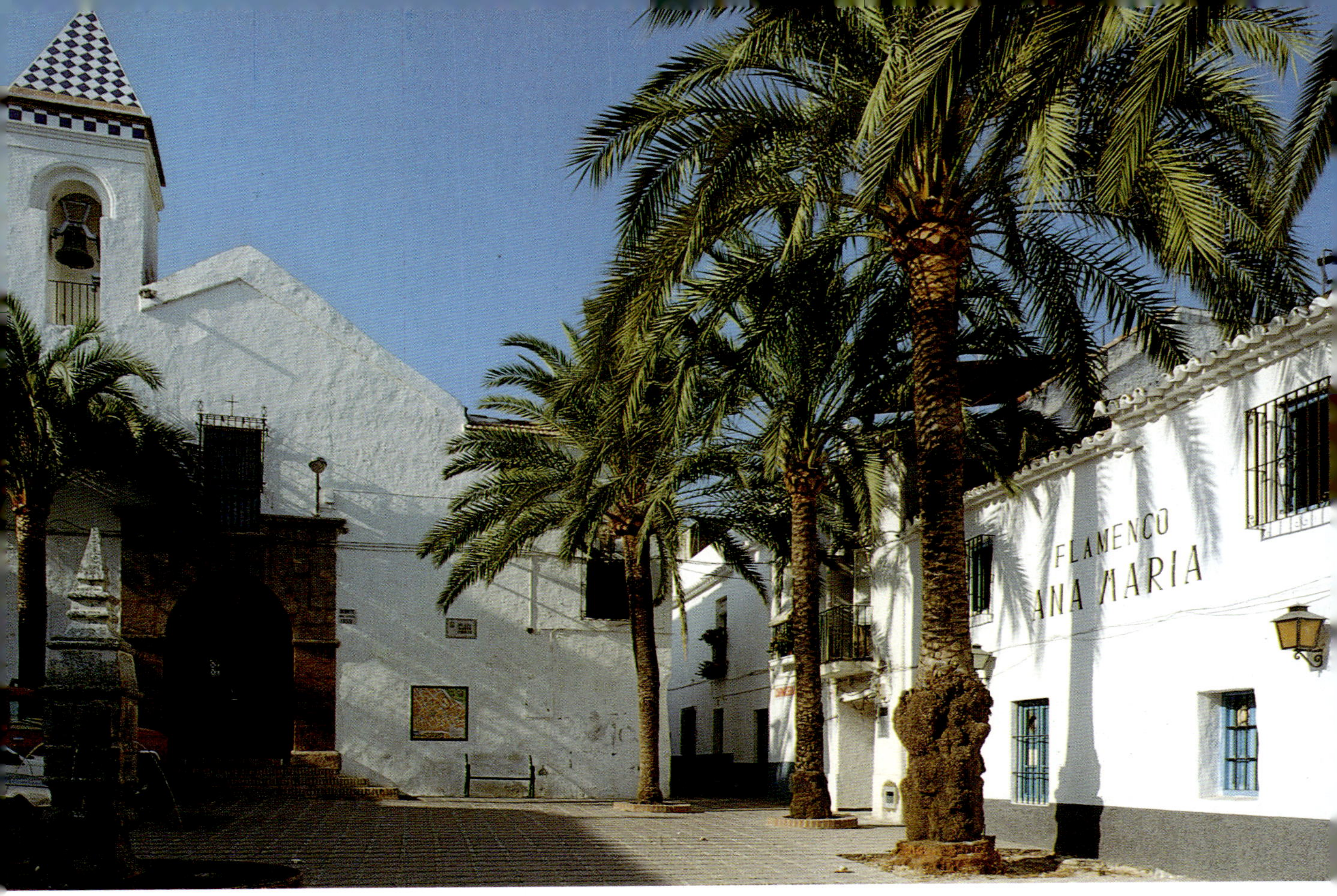
FLAMENCO
ANA MARIA

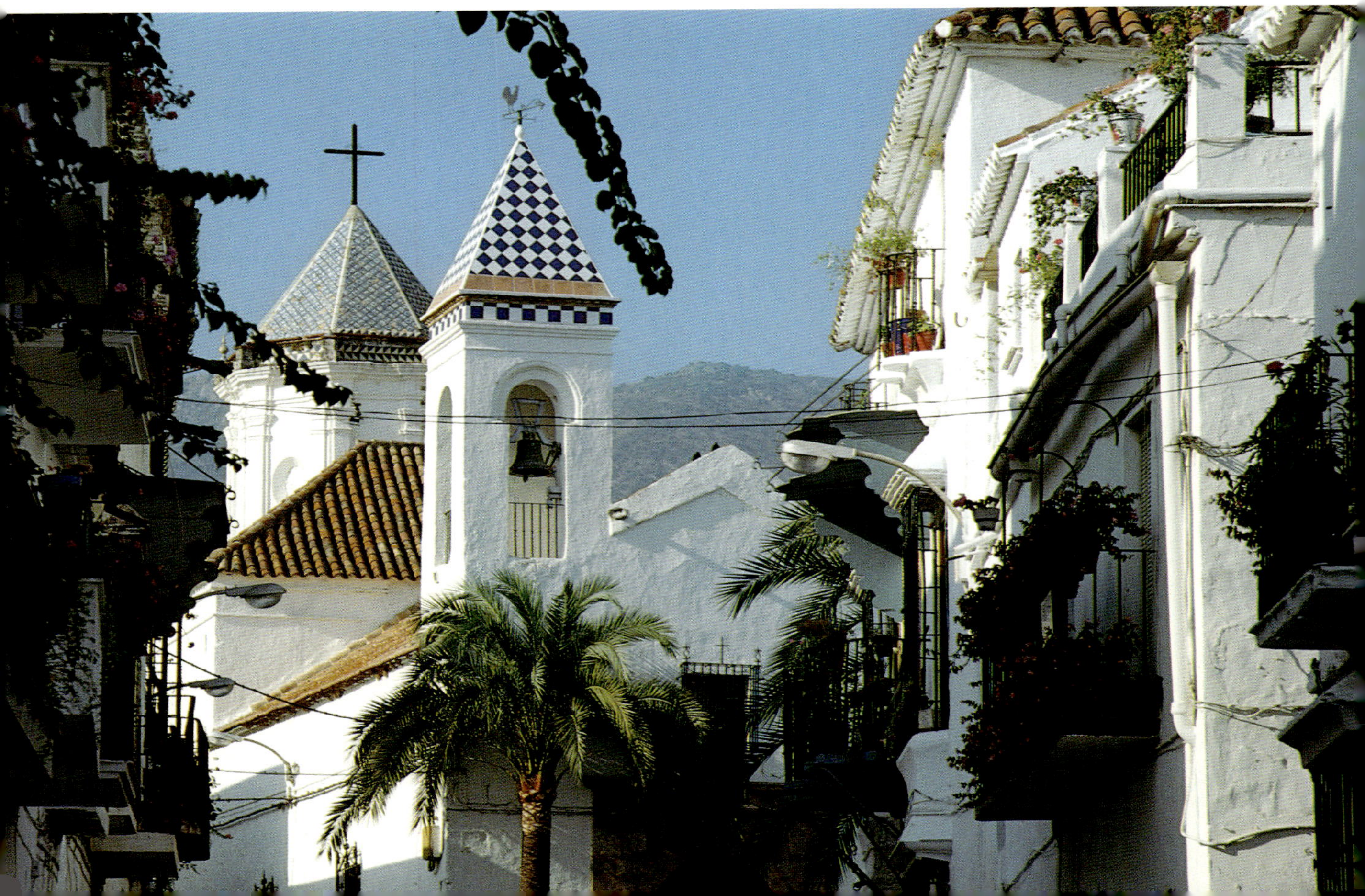

*Marbella, zwei charakteristische Ansichten des historischen Stadtkerns mit den Palmen, die die elegante Architektur der Iglesia de San Pedro unterstreichen.*

*Marbella, zwei Ansichten der sorgfältig angelegten Golfplätze.*

grenzen (darunter unterscheidet man das **Ayuntamiento** aus dem 16. Jh., in dessen *Kapitelsaal* sich eine Decke im Mudejarstil befindet) und das Grün ihrer zahlreichen Apfelsinenbäume auf. Neben dem Ayuntamiento (Rathaus) befindet sich ein kleines, aber gut organisiertes **Stadtmuseum** (*Museo Municipal*), in dem Funde aus der Neusteinzeit, römische Fragmente aus den in der Umgebung gefundenen Villen sowie Stücke aus westgotischer und arabischer Zeit ausgestellt sind. Hier gibt es auch ein paar Werke moderner Kunst. Abschließend erwähnen wir einige Gebäude aus dem 16. Jh., wie die **Casa del Corregidor**, das **Hospital de San Juan de Dios**, das **Hospital Bazán** und die **Inkarnationskirche** (*Parroquia de la Encarnación*) aus dem 18. Jh.

Zuletzt erinnern wir alle Golfbegeisterten daran, daß an der Costa del Sol zwischen Nerja und Sotogrande gut 15 Plätze existieren, auf denen sie ihrer bevorzugten Freizeitbeschäftigung nachgehen können. Ihre Anlagen, ausschließlich erster Klasse, haben dem Gebiet den wohlverdienten Namen Costa del Golf gegeben.

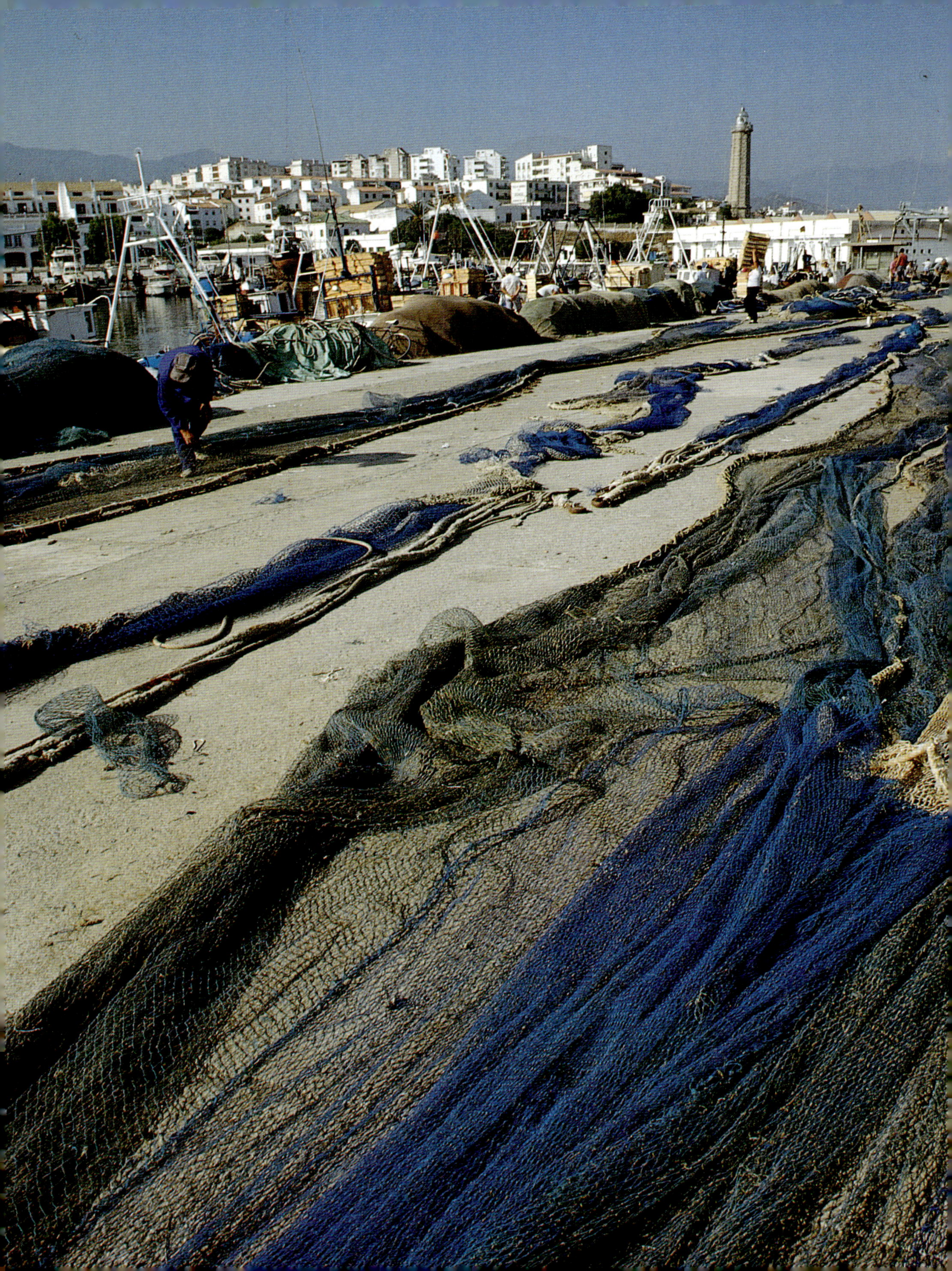

Estepona, Fischernetze an der Mole.

Estepona, zwei Aufnahmen im Fischereihafen.

# ESTEPONA

Der westlichste der Orte an den Ufern der Costa del Sol liegt in bezauberndem geographischem und natürlichem Kontext am Fuße der Sierra Bermeja. Das Städtchen hat heute eindeutig andalusischen Charakter, auch wenn die ursprüngliche Baustruktur unbestritten maurische Züge trägt. Die Ortschaft zählt zu den wichtigsten Bade- und Urlaubsorten an der Küste von Málaga und gilt außerdem als bedeutendster Fischereihafen Andalusiens.

Die modernen Wohn- und Hotelkomplexe liegen an breiten, von Palmen beschatteten Alleen am Meer entlang, während sich rund um die Stadt eine fruchtbare ländliche Gegend ausbreitet. Ihre herrlichen Strände bestehen aus feinem Sand und ziehen sich an einem Meer entlang, aus dem in Richtung Westen wunderbar - als wäre es eine Insel - das einzigartige Profil des Felsens von Gibraltar aufragt. Zu den zahlreichen Stränden von Estepona gehören die *Playa del Saladillo*, die *Playa del Castor*, die *Playa del Padrón*, die *Playa de la Cala* und die

*Estepona, eine Ansicht des Sandstrandes und zwei Bilder der schönen Straßen des Küstenzentrums.*

*Estepona, zwei Aufnahmen des Touristenhafens von den Strandpromenaden aus.*

*Playa de la Rada.* Einen Anziehungspunkt für sich stellt der Nacktbadestrand der *Costa Natura* dar.
Die phönizische Gründung *Astapa* wurde in römischer Zeit wichtig und unter dem Namen *Silniana* bekannt. Dieser Ort unterhielt rege Beziehungen zum nahegelegenen *Salduba*. Im 4. Jh. machte ein Meeresbeben die römische Stadt dem Erdboden gleich. Sie erholte sich unter den Arabern und wuchs mit dem Namen *Estebbuna*. Im 15. Jh. wurde Estepona von den Truppen Heinrichs IV. von Kastilien den Christen zurückerobert. Daraufhin entschied man sich, um diesen Teil des Ufers vor den Pirateneinfällen zu schützen, für den Bau des Castillo de San Luis (16. Jh.), aus dem sich die heutige Ortschaft entwickelte.
Unter den Denkmälern beachte man vor allem die Ruinen des **Castillo de San Luis** aus dem 16. Jh. und den zeitgleichen **Verteidigungsturm**, die **Pfarrkirche** aus dem 18. Jh., der *Nuestra Señora de los Remedios* geweiht, und die einzigartige **Plaza de Toros** aus den ersten Jahren des 20. Jahrhunderts.

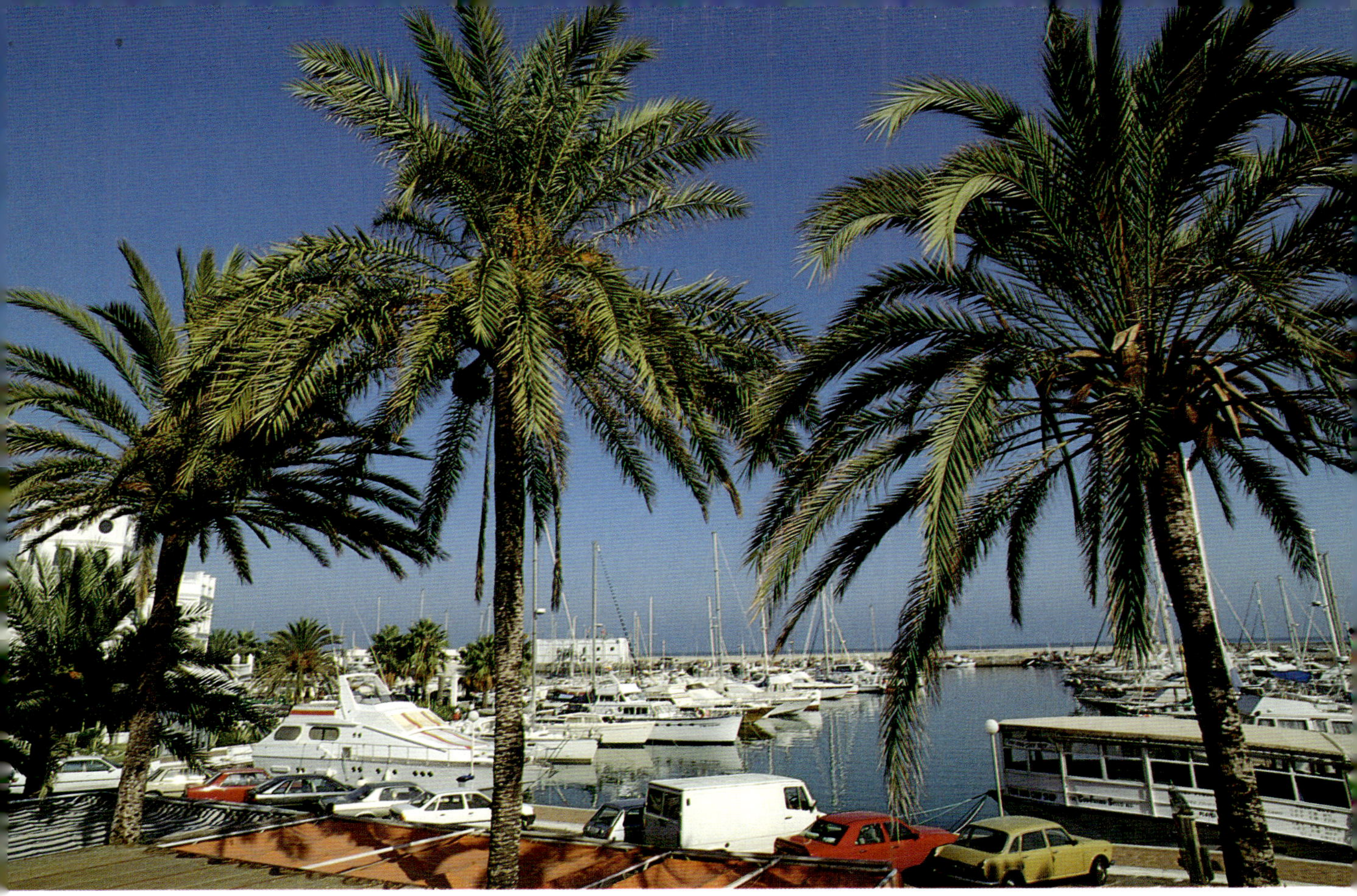
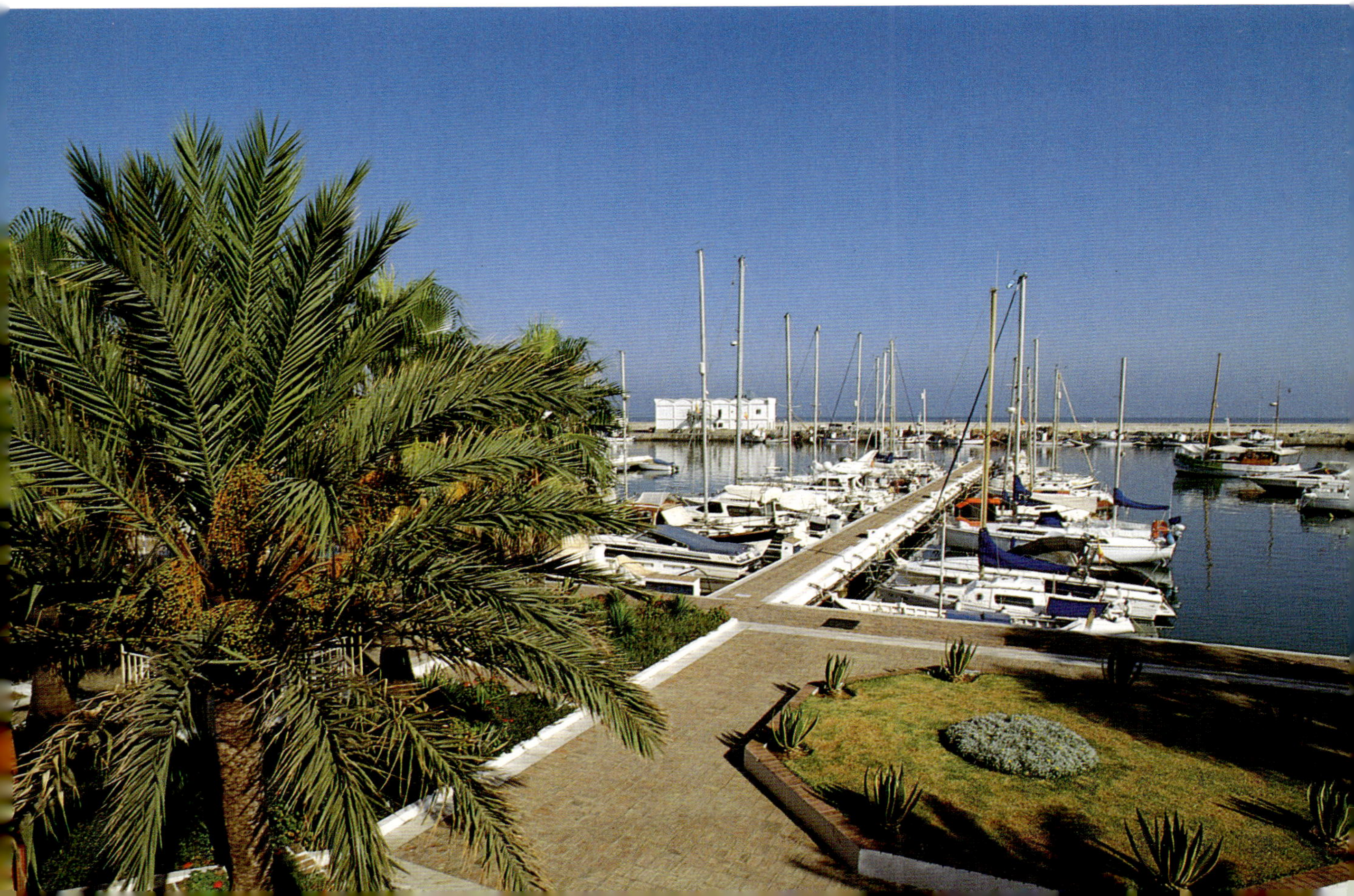

# CASARES

Mit seinen weißen Häuschen, die sich teilweise auf dem Gebirgskamm ausbreiten und teilweise an einen steil abschüssigen Felsen klammern, erscheint Casares dem staunenden Blick der Touristen und Besucher, die bei ihrer Reise bis ins Hinterland von Estepona vordringen, wie ein Wunder. In diesem wunderschönen Naturschauspiel der Gebirgslandschaft, die sich gegen die flache Gleichförmigkeit der Küstenregion abhebt, gleitet der Blick nach Norden bis zu den Gipfeln der Serranía de Ronda.

Wahrscheinlich rührt der Ortsname von Julius *Caesar*, der bis hierher vorgedrungen ist und in den schwefelhaltigen Heilwassern der Gegend gebadet hat. Die Gemeinde ist außerdem als Geburtsort von Blas Infante, dem wichtigsten Wortführer der andalusischen Bewegung, bekannt.

Diese Exkursion, auf der man eine der eigentümlichsten Realitäten des andalusischen Hinterlandes kennenlernt, ist wirklich der Mühe wert. Die Baustruktur von Casares, die mit ihren engen und steilen Gäßchen, an denen sich die Fassaden der weiß gestrichenen Häuser entlangziehen, die typische Anlage von Gebirgsdörfern aufweist, verrät eindeutige arabische Einflüsse.

*Casares, zwei eindrucksvolle Details des malerischen andalusischen Ortes.*

*Ronda, ein eindrucksvoller Blick auf den Tajo mit der gewagten Konstruktion des Puente Nuevo.*

# RONDA

Von Ronda sprechen, heißt das Bild einer der eigenartigsten und ohne Frage typischsten Städte Spaniens heraufzubeschwören. In einer Höhe von über 750 m, auf einer von Bergen umgebenen Hochebene (der keltische Ortsname *Arunda* bedeutet wörtlich "umgeben von Bergen"), liegt eine ausgesprochen interessante Stadtanlage mit einem typischen, in längst vergangenen Zeiten angelegten, Ortskern. Außerdem liegen die Gebäude teilweise am Rande einer steil abfallenden Felswand, die in ihrem zentralen Teil von dem sogenannten *Tajo de Ronda* durchschnitten wird, einer Art Canyon, auf dessen Grund die Wasser des Rio Guadalevín fließen, einem Nebenfluß des Guadiaro. Unter den Bergen, die die Hochebene umgeben, ragt die Serranía de Ronda hervor, durch die die Straße führt, die die Stadt mit der Costa del Sol verbindet.

Die Gegend um Ronda ist seit vorgeschichtlicher Zeit bewohnt, wie die Megalithe von *Los Arenosos* und *Cueva de la Pileta* (altsteinzeitliche Felszeichnungen und neusteinzeitliche Keramik) beweisen. Die Ursprünge *Arundas* sind keltisch; später gründeten die Phönizier eine eigene Siedlung im nahegelegenen *Acinipio*, welches ein antiker iberischer Ort war. Zur Zeit der römischen Kolonisation änderten die neuen Eroberer den Namen von Arunda in *Munda* und erklärten Acinipio zum *Municipium*, das wichtige Privilegien genoß. In der ersten Hälfte des 8. Jahrhunderts wurde die Stadt von den Arabern eingenommen, die sie "Stadt der Burgen" (*Izn-Rand-Onda*) nannten. Mit der von den Katholischen Königen unternommenen Wiedereroberung (1485) begann für Ronda eine Zeit der Blüte und Fruchtbarkeit. Die Ausbreitung seines Stadtgebietes dauerte praktisch bis zum 18. Jh.

Im Zusammenhang mit den Eigentümlichkeiten der Stadt muß erwähnt werden, daß gegen Ende des 15. Jahrhunderts hier eine Vereinigung von Honoratioren eingesetzt wurde, die die Aufgabe hatte, den Stierrennen vorzustehen. Diese Institution wurde unter dem Namen "Maestranza" bekannt und hatte eine große Nachfolge in zahlreichen anderen spanischen Städten.

Unter städtebaulichem Gesichtspunkt sind in Ronda zwei verschiedene Aspekte zu beachten: die Viertel,

*Ronda, ein Detail und eine Gesamtansicht des Puente Nuevo.*

die südlich des Tajo de Ronda liegen, sind die älteren und fallen durch ihren mittelalterlichen Charakter und die eindeutig arabischen Reminiszenzen auf. Hier befinden sich auch die repräsentativsten Denkmäler. Auf der anderen Seite des Tajo liegen die Viertel des Mercadillo, Resultat einer Stadtausweitung im 16. Jh., Brennpunkt des kommerziellen Lebens und vorwiegend modern mit einigen schönen Wohnhäusern des 18. Jahrhunderts. Richtung Süden, außerhalb der Stadtmauern erstreckt sich der von der Landwirtschaft geprägte Stadtteil San Francisco.

## PUENTE NUEVO (NEUE BRÜCKE)

Die sogenannte Puente Nuevo sichert zusammen mit der *Puente de San Miguel* und der *Puente Viejo* die Verbindung zwischen dem historischen Ronda (also dem älteren Teil der Stadt) und dem modernen Viertel des Mercadillo. Diese Brücke, die für die Touristen längst zum Wahrzeichen und Symbol von Ronda geworden ist, läßt die unbestreitbare architektonische Kühnheit ihrer Planer erkennen, die sie zwischen 1735 und 1793 erbaut haben. Die Brücke, "neu" weil sie eine ältere Konstruktion, die der Abgrund verschlungen hatte, ersetzte, besitzt einen großen theatralischen und monumentalen Effekt. Sie besteht aus drei Bogen mit einem ausgeprägten Mittelbogen, der sich über einem anderen, wesentlich kleineren Bogen wölbt.

Im oberen Teil begrenzen zwei Bogen einen abgeschlossenen Raum, in dem sich zur Zeit ein öffentliches Lokal befindet, der aber ursprünglich als Kerker gedacht war.

Der gesamte Bau liegt auf mächtigen Steinpfeilern auf, ist 98 m hoch und tief in die schauerliche Schlucht des Tajo eingelassen, die die Wasser des Guadalevín gegraben haben.

Diese insgesamt 180 m tiefe Kluft teilt die Stadt in zwei Teile und hat wahrscheinlich geologische Ursachen. Man kann annehmen, daß die heutige Schlucht durch eine Verwerfung mit darauffolgendem Auseinanderdriften der beiden Felsmassen entstanden ist.

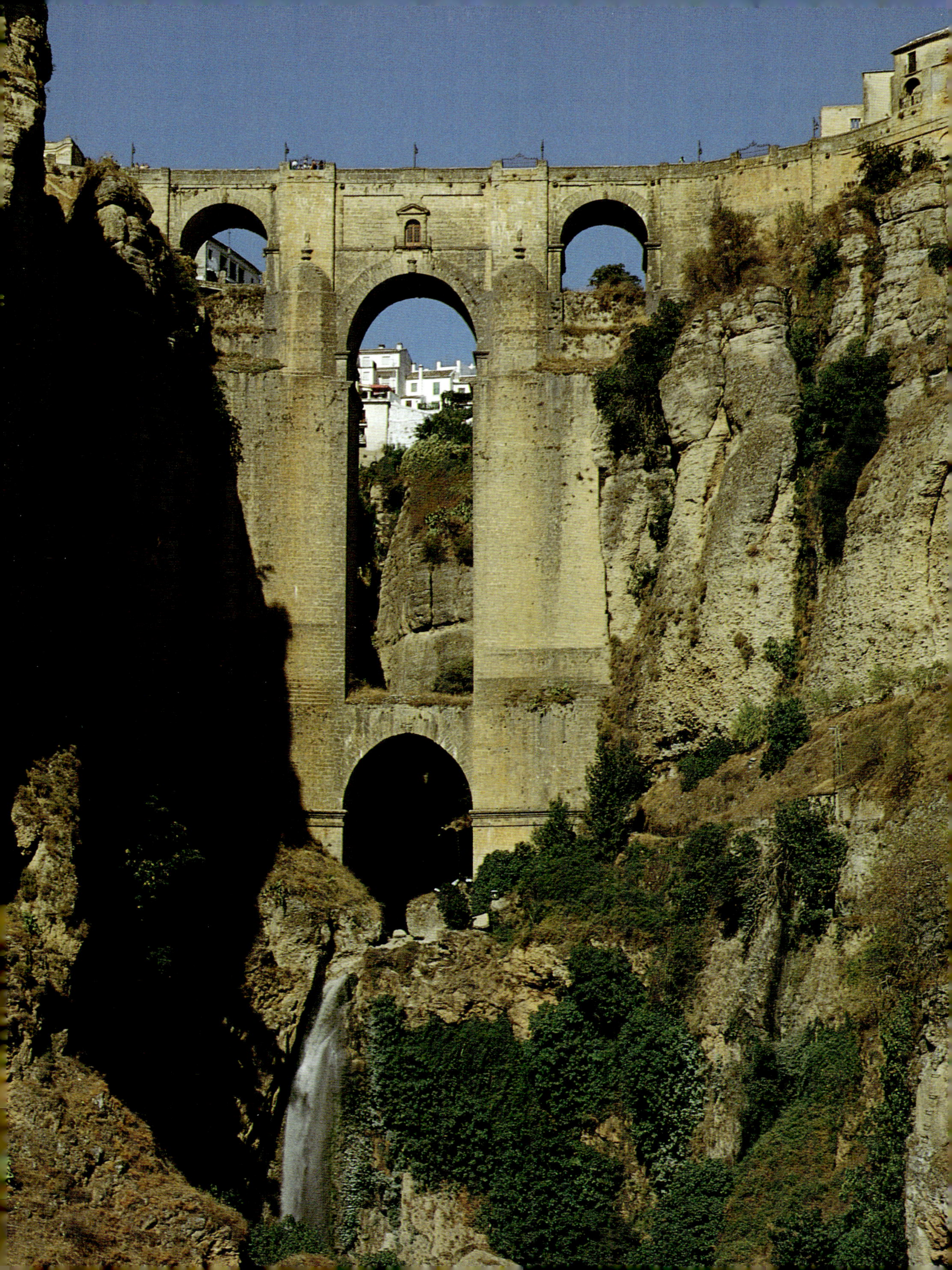

*Ronda, Ansicht der Puerta Carlos V. und des Alminar de San Sebastián. Blick auf die Iglesia del Espíritu Santo und die Iglesia de Nuestro Padre Jesús.*

## Puerta Carlos V

Dieses schöne Renaissancetor öffnet sich in den arabischen Stadtmauern, in der Nähe der **Porta de Almocábar** (13. Jh.).

## Alminar de San Sebastián (Turm des Hl. Sebastian)

Das, was aussieht wie ein steinerner Kirchturm, ist in Wirklichkeit der alte Turm einer Moschee (*Alminar*). Auch nach seiner Umfunktionierung für den christlichen Gebrauch verrät er den Mudejarstil, typisch für die Nazarí - Bauten.

## Iglesia del Espíritu Santo

An dem Gebäude in der Nähe der arabischen Stadtmauern erkennt man den typischen Isabellstil des 15. Jahrhunderts, der an der florealen Gotik orientiert ist.

## Iglesia de Nuestro Padre Jesús

Vor dieser gotischen Kirche steht ein schöner steinerner Glockenturm, der einige Renaissencemotive erkennen läßt. Im dreischiffigen Innern hat das Mittelschiff besonders schöne, gotische Gewölbe.

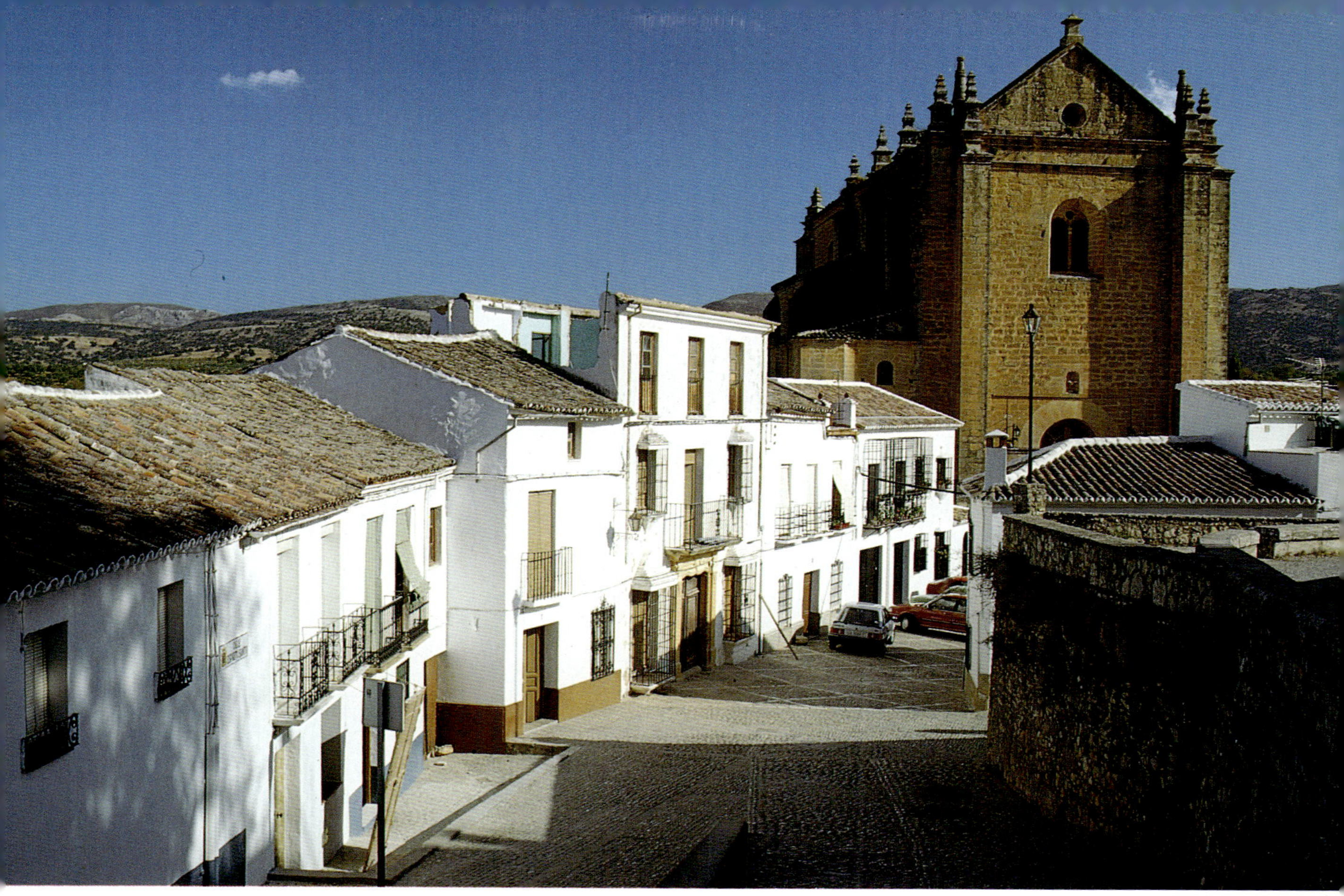

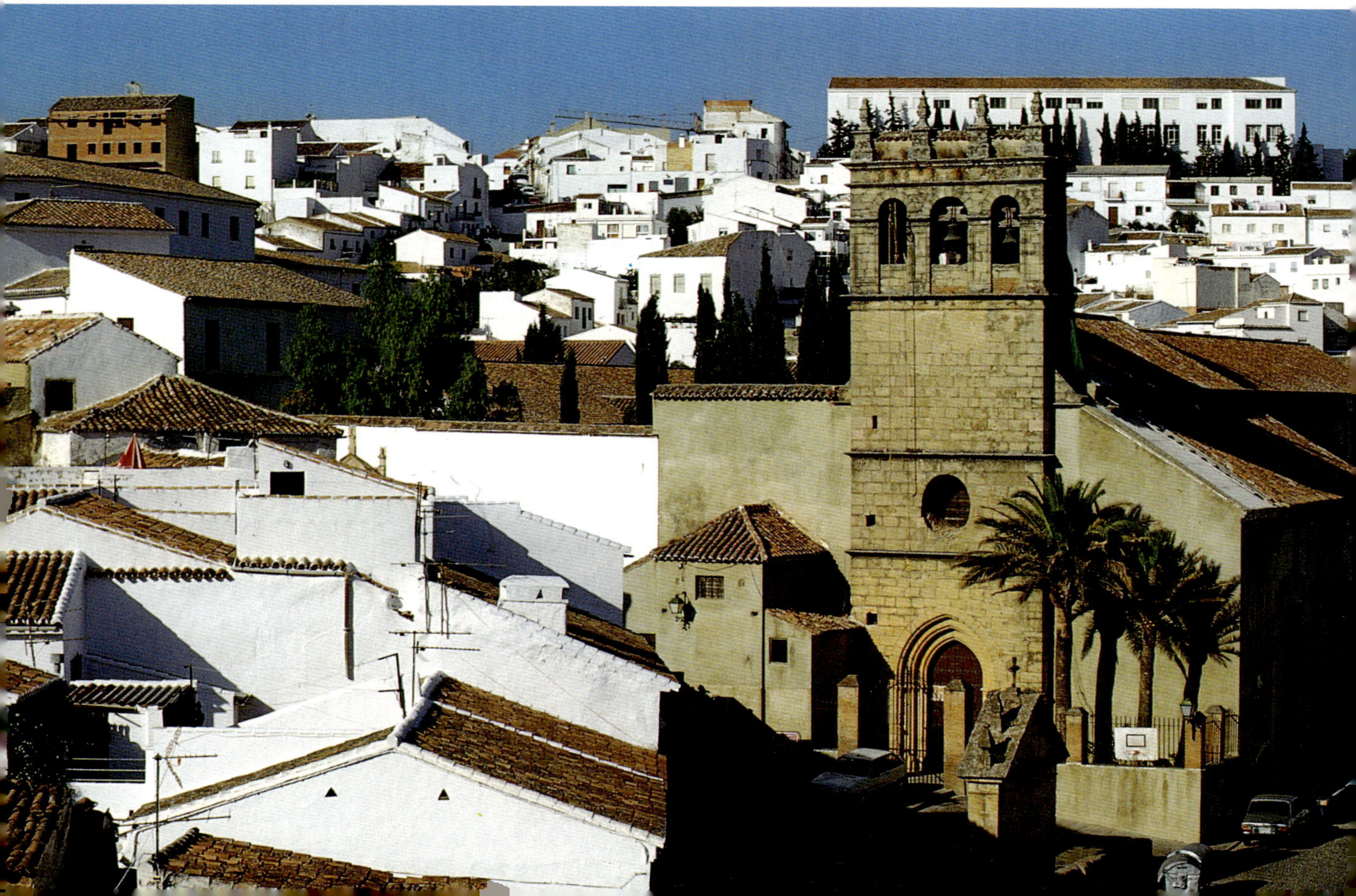

*Ronda, eine Ansicht der Iglesia de Santa María la Mayor und ein Detail des äußeren Bogengangs.*

## IGLESIA DE SANTA MARÍA LA MAYOR

Eines der wichtigsten Gotteshäuser liegt an einem hübschen, mit Palmen und Zypressen bestandenen, kleinen Platz, ringsum von der gewohnten Szenerie der weißen andalusischen Häuschen gerahmt. Diese Kirche wurde erst im 15. Jh. dem katholischen Glauben geweiht. Es waren die Katholischen Könige, die diese Konversion wollten, um die islamischen Ursprünge zu verdrängen. Vorher stand hier die *Mezquita Mayor* (Hauptmoschee) aus dem 13. Jh., von der noch heute der erhaltene untere Teil des mächtigen Glockenturms zeugt. Letzterer läßt über dem *Alminar* (Turm der Moschee) eine Glockenstube erkennen, die Ideen der Renaissance widerspiegelt. Im Innern der Kirche werden wertvolle Barockretabel aus dem 18. Jh. aufbewahrt.

## Palacio del Marqués de Salvatierra

Dieses Gebäude aus dem 18. Jh., das an einem friedlichen kleinen Platz liegt, auf dem eine Säule steht, die auf ihrem Kapitell ein Kreuz trägt, zieht mit der vornehmen Eleganz seines Portals die Aufmerksamkeit des Besuchers auf sich. Das Portal ist ein architektonisches Element mit bemerkenswerten Renaissanceformen. An beiden Seiten treten römische Doppelsäulen hervor, die den Architrav tragen, auf dem ein künstlerisch gestalteter kleiner Balkon mit schmiedeeisernem Gitter aufliegt. Die Glastür, die den Zugang zum Balkon bildet, besitzt wertvoll dekorierte Türpfosten, an deren Seiten zwei Paare von Inka-Karyatiden stehen, von denen man annimmt, daß sie aus Peru hierher überführt worden sind. Über diesem Architekturensemble befindet sich ein Dreiecksgiebel mit einem gekrönten Wappen.

In der Nähe stößt man auf die sogenannte **Casa del rey Moro**, einen schönen Wohnsitz aus dem 18. Jh., der in einem weitläufigen, grünen Garten liegt.

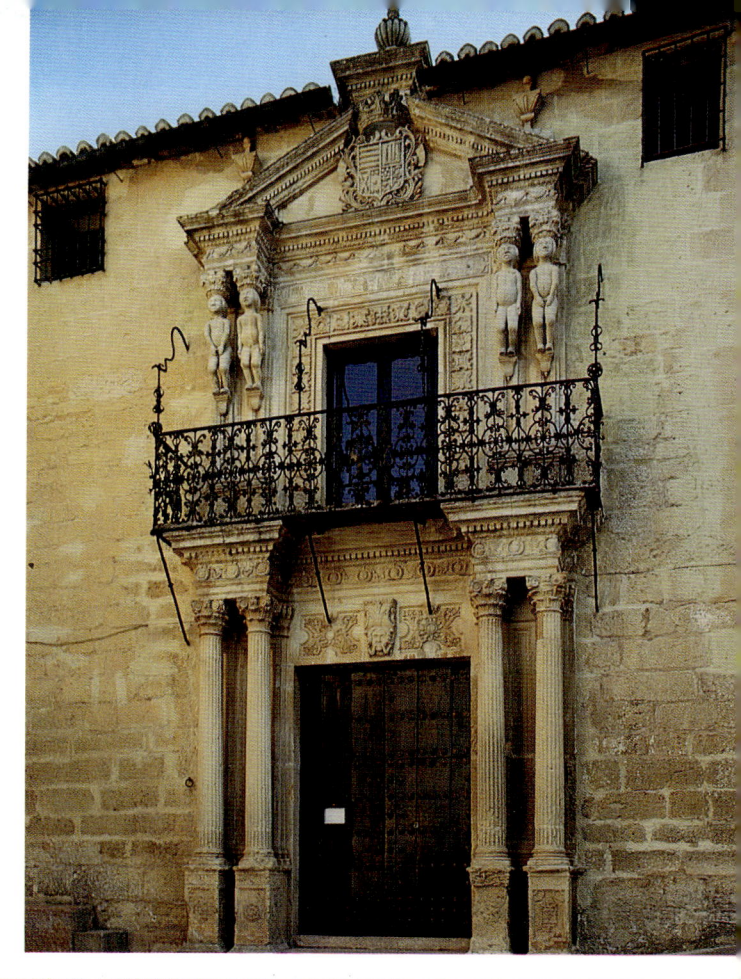

*Ronda, ein Ausschnitt der Fassade des Palacio del Marqués de Salvatierra und ein Detail des Architekturschmuckes mit den Inka-Karyatiden.*

*Ronda, Einzelheiten der Skulpturen des sogenannten Templete de la Virgen de los Dolores.*

## VIRGEN DE LOS DOLORES

Das Gebäude, das gewöhnlich als *Templete* (kleiner Tempel) *de la Virgen de los Dolores* bezeichnet wird, liegt an der *Calle de Santa Cecilia*. Es handelt sich um eine interessante offene Kappelle in barockem Manierismus. Äußerst bemerkenswert sind die Skulpturen, die die Pilaster schmücken.

## DIE RÖMISCHE BRÜCKE

Der volkstümliche Name der *Puente Romano* ist äußerst irreführend, wenn man bedenkt, daß dieses architektonisch interessante Bauwerk im 14. Jh. entstanden ist. Es handelt sich demnach um eine unter arabischer Herrschaft erstellte Konstruktion, wie

*Ronda, zwei Ansichten des sogenannten Bogens Philipps V. (im ersten Bild erkennt man den "Sessel des maurischen Königs"), der zur römischen Brücke führt.*

man im übrigen an der für die islamische Architektur typischen Form des Bogens, der sich über dem Zugang wölbt, erkennen kann. Letzterer wird auch *Bogen Philipps V.*; genannt, und ein eigentümlicher Felsblock in der Nähe wird als *Sessel des Mauren bezeichnet*.
Unter den anderen Sehenswürdigkeiten und Denkmälern Rondas muß die **Plaza de Toros** hervorgehoben werden. Sie wird für die älteste ganz Spaniens gehalten (erste Hälfte des 18. Jahrhunderts). Mit insgesamt 5000 Plätzen ist sie die einzige vollständig überdachte des Landes.
Hier trat der berühmte, einheimische Torero Pedro Romero (1754) auf, der als Begründer des Stierkampfes in seiner heutigen Form betrachtet wird.

## Cueva de la Pileta

Diese natürliche Höhle, die ein verblüffendes Naturdenkmal darstellt, liegt in dem Teil der Serranía de Ronda, der sich rechts des Wasserlaufs des Guadiaro erstreckt. Aufgrund ihrer großen speläologischen Bedeutung und der Varietät ihrer Konkretionen, aber vor allem wegen der in ihr enthaltenen prähistorischen Zeugnisse, wurde sie 1924 unter Denkmalschutz gestellt.

Ihre Entdeckung geht in die ersten Jahre des 20. Jahrhunderts zurück, aber ihre Bekanntheit wuchs, nachdem sie von einem englischen Offizier besucht worden war. Durch den Eingang, der 700 m über dem Meeresspiegel liegt, gelangt man in ein phantastisches unterirdisches Reich, das von zahlreichen Sälen, Stalaktiten und Stalagmiten gebildet wird. In der Grotte hat man viele Gebrauchsgegenstände und Keramik aus der Alt- und Neusteinzeit gefunden. Außerdem fallen einige besonders interessante Felszeichnungen in schwarz, ocker, gelb und rot auf. Die Experten gehen bei ihrer Datierung 24 Jahrtausende in der Zeitrechnung zurück.

*Cueva de la Pileta, einige Ansichten der neusteinzeitlichen Felszeichnungen auf den Wänden der Grotte.*

# Parque Natural de "El Torcal"

Dieses weitläufige Naturschutzgebiet von großem landschaftlichem Reiz nimmt einen großen Teil der Sierra del Torcal ein, die wenig südlich von Antequera an der Straße nach Málaga liegt. Der Naturpark wurde 1978 geschaffen, um ein Gebiet von hohem landschaftlichem Wert zu schützen. Ein Besuch in diesem bizarren Naturschauspiel ist zweifellos für alle Ausflügler und Wanderer empfehlenswert, die jedoch die Umsicht haben sollten, die Pfade nicht zu verlassen, die mit eigens dazu bestimmten, gut sichtbar angebrachten Wegweisern gekennzeichnet sind. Die für den Karst typischen Felsformationen haben durch äolische und meteorische Erosionen Formen gebildet, deren phantastische und einzigartige Steinsilhouetten vor dem erstaunten Blick des Besuchers das Bild einer richtigen versteinerten Stadt entstehen lassen. Wenn er die phantastische Szenerie, die sich ihm vom Aussichtspunkt aus erschließt, betrachtet, wird jeder Tourist den Eindruck haben, sich in einer verzauberten, nur vom Heulen des Windes zwischen den Felsen belebten, Welt zu befinden.

*El Torcal, einige Aspekte der eigentümlichen Felsformationen, die die Erosionen auf der gleichnamigen Sierra gebildet haben.*

*Antequera, Panorama.*

*Antequera, der Arco de los Gigantes öffnet sich in den alten Mauern der Burg.*

*Antequera, ein Blick auf die bewundernswerte platereske Fassade der Real Colegiata de Santa María la Mayor.*

# ANTEQUERA

Die wichtige Stadt im Hinterland von Málaga liegt am Fuß der Sierra del Torcal, im Becken des Flusses Guadalhorce. Rund um die Ebene von Antequera - die ihrerseits an den Hängen eines Hügels in 500 m Höhe liegt - dehnt sich die gebirgige Landschaft der Sierren von Las Cabras, Los Torcales, Abdalajís, Chimeneas, Arcas und Camorra aus. Die typisch andalusische, unter städtebaulichem und architektonischem Gesichtspunkt äußerst interessante Stadt besitzt Gebäude von hohem denkmalpflegerischem Wert.

In ihrer Umgebung hat man einige Megalith-Ansammlungen gefunden, die zu den wichtigsten des alten Kontinents gehören. Es handelt sich um die sogenannten **Dolmen von Menga**, **Viera** und **Romeral**, deren Errichtung vor ca. 4,5 Jahrtausenden stattgefunden hat. Die Ursprünge der heutigen Stadt gehen allerdings nicht weiter als bis zur römischen Herrschaft zurück, als der Ort die Stellung eines *Municipium* bekam und unter dem Namen *Anticuaria* bekannt war. Unter dem Islam wurde er *Antakira* genannt und mit einer soliden Verteidigungsanlage versehen, die zahlreichen Besatzungen standhielt. Die Wiedereroberung durch die Katholiken erfolgte schließlich unter dem Infanten (Erbprinzen) Don Fernando (1410).

Die wichtigste Zeit der Stadtgeschichte fällt jedoch ins 17. und 18. Jh., als hier die Schönen Künste in ihrer höchsten Blüte standen.

Der eigentümliche Charakter der Stadt wird von den üblichen Merkmalen der andalusischen Architektur, d.h. von den weiß gestrichenen Häusern, geprägt, aber auch von schönen Renaissance- und Barockbauten veredelt. Letztere machen aus Antequera eines der interessantesten Ziele im Hinterland von Málaga. Zu den wichtigsten Sehenswürdigkeiten gehört die **Kathedrale**, die unter dem Namen *Real Colegiata de Santa María la Mayor* bekannt ist. Sie stammt aus der ersten Hälfte des 16. Jahrhunderts. Die schöne platereske Fassade wird von großen Bögen und geometrischen Motiven geziert und endet in drei dreieckigen Tympana und einer Menge Fialen. Der dreischiffige Innenraum ist in Renaissanceformen mit Mudejardekoration gehalten. In

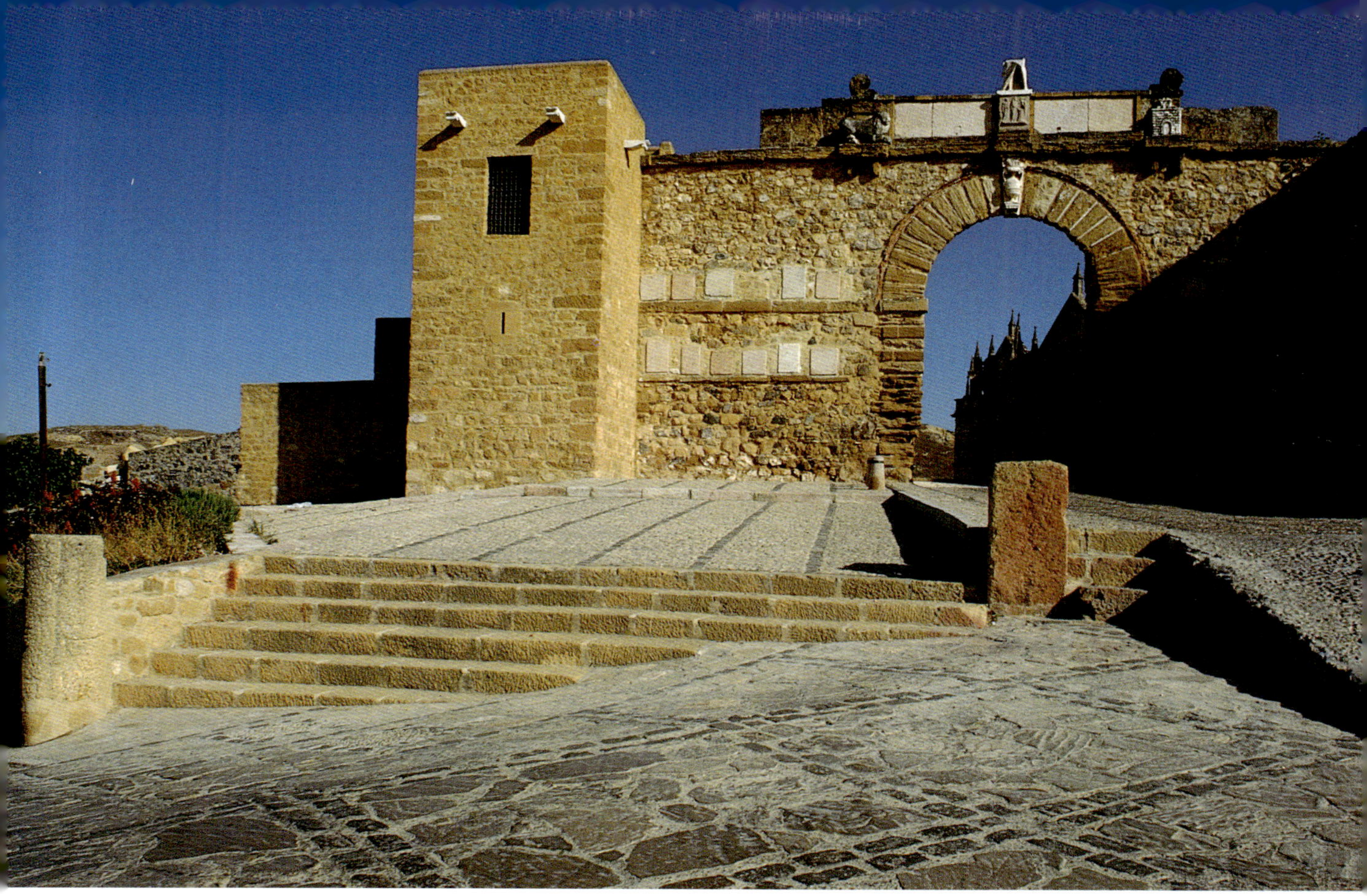

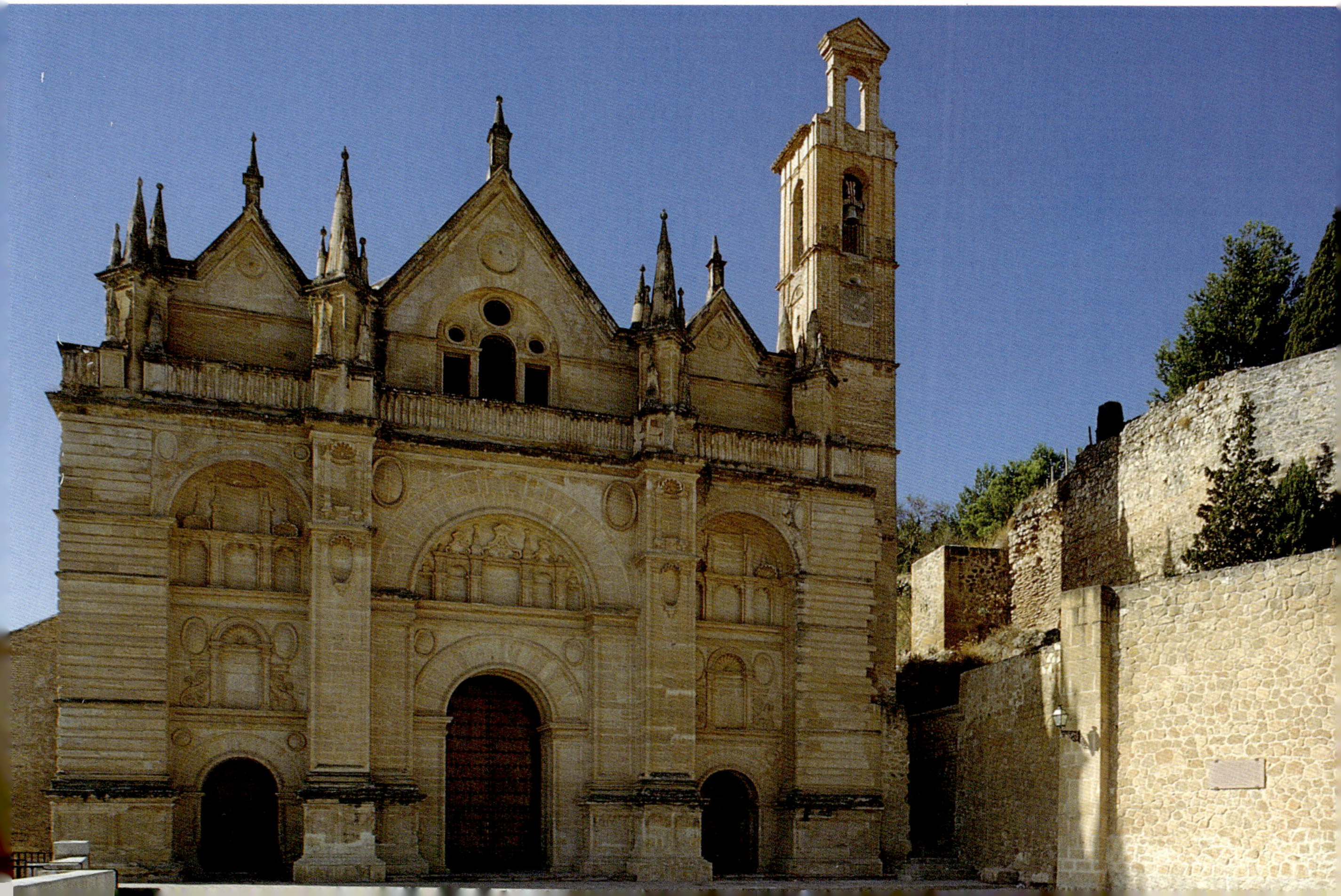

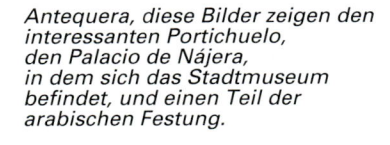

*Antequera, diese Bilder zeigen den interessanten Portichuelo, den Palacio de Nájera, in dem sich das Stadtmuseum befindet, und einen Teil der arabischen Festung.*

der Nähe steht der **Arco de los Gigantes** (16. Jh.). Erwähnenswert sind auch das interessante Gebäude des **Portichuelo** (18. Jh.) und die Ruinen der **Alcazaba** oder alten arabischen Festung.
Sie ist auf römischen Fundamenten gebaut und hat einen quadratischen Turm, der *La Blanca* genannt wird (13. Jh.). Ein anderer Turm, der in der Renaissance angebaut wurde, heißt *Del Homenaje*.
Zu guter Letzt müssen noch der **Palacio de Nájera** (17. Jh.) und das **Museo Municipal** erwähnt werden, in dem unter anderem der äußerst wertvolle *Jüngling von Antequera*, eine römische Bronzefigur aus dem 1. nachchristlichen Jh., ausgestellt ist.

*Cueva de Menga, einige Ansichten dieses Megalithgrabes: man erkennt den Eingang, die Grabkammer und das Vestibül.*

## CUEVA DE MENGA

Etwas außerhalb der Ortschaft, an der Straße, die nach Granada führt, findet man einen besonders interessanten Komplex aus der Megalithzeit. Dazu gehören die *Cueva del Romeral*, die *Cueva de Menga* und die *Cueva de Viera*. Es handelt sich um Dolmen, d.h. megalithische Grabmonumente, deren Datierung auf mindestens 2,5 Jahrtausende v. Chr. festgelegt worden ist. Das größte und älteste Monument ist das von Menga. Die große Grabkammer mit einem monolithischen Zentralpfeiler, das Vestibül und der Eingang dieses Grabes zeigen eine einzigartige Analogie zu etruskischer Grabarchitektur.

*Vélez - Málaga, ein schöner Blick auf das von der arabischen Festung beherrschte Städtchen und den Glockenturm der Iglesia de Santa María.*

# VÉLEZ-MÁLAGA

Die in städtebaulicher und denkmalpflegerischer Hinsicht bemerkenswerte Stadt liegt in Küstennähe rund um einen Hügel links des Flußlaufes des Vélez. Die alte phönizische, karthagische und römische Siedlung (einigen Experten nach soll an seiner Küste die griechische Kolonie *Mainake* gegründet worden sein) wuchs unter den Arabern und wurde von Fernando dem Katholiken 1487 zurückerobert. Über dem Ort erhebt sich stolz die **Burg** aus arabischer Zeit (13. Jh.). Die schöne **Iglesia de Santa María la Mayor** in Mudejar-Gotik (16. Jh., basilikaler, dreischiffiger Raum mit einem bemerkenswerten Retabel aus dem 16. Jh. am Hauptaltar) und **San Juan Bautista** (16. Jh., auf einer ehemaligen Moschee errichtet, mit einem wertvollen *Kruzifix* in polychromem Holz, das kastilischen Künstlern des 16. Jahrhunderts zugeschrieben wird) sind nur zwei der repräsentativsten Kirchenbauten dieser sehenswerten Ortschaft.

# ALGARROBO

Das malerische Dorf mit erkennbar andalusischem Charakter liegt in der Nähe des Ufers, an dem sich sein Küstenviertel erstreckt, das man an seinen modernen Wohnkomplexen erkennt. Die Ortschaft bietet mit ihren Häusern, die eins über das andere gebaut zu sein scheinen und sich mit ihrem weißen Verputz gegen das im Hintergrund gelegene Gebirge abheben, einen eindrucksvollen Anblick.

In der Nähe befindet sich eine phönizische Grabstätte, die als **Necrópolis de Trayamar** bezeichnet wird. Dort steht auch die hübsche **Einsiedelei St. Sebastian** inmitten eines grünen Gartens mit Palmen. Letztere zeigt die charakteristische Architektur zahlreicher spanischer Kirchenbauten. Die einfache, aber hübsche weiße Fassade wird vertikal von zwei Lisenen unterteilt und darüber erhebt sich ein kleiner Glockengiebel. Das Küstenviertel von Algarrobo ist mit modernen und funktionalen Hotelkomplexen ausgestattet.

*Algarrobo, ein zauberhafter Blick auf den malerischen andalusischen Ort und eine Ansicht der Einsiedelei St. Sebastian, die inmitten grüner Gärten liegt.*

# TORROX

Das Zentrum ist in zwei Teile geteilt, von denen einer, der Bade- und Küstenort, direkt an der Costa del Sol liegt und der zweite an den Abhängen eines Gebirges. Letzterer ist das älteste Ortsviertel und hat ganz klar bäuerlichen Charakter.
In der Gegend ist eine römische Nekropole ans Licht gekommen, die, zusammen mit anderen archäologischen Funden, den Beweis für die Existenz des alten *Caviculum* bringt. Dieses entstand als römische *Mansio* und entwickelte sich schnell zu einer Stadt von gewisser Bedeutung. Die Schönheit der Landschaft wirkte besonders anziehend auf die Römer und sie blieben hier vom 1. bis zum 4. Jh. Unter den zahlreichen Funden befinden sich auch Keramikgeschirr, Reste von Thermenanlagen und eine Wanne, in der *Garum*, eine spezielle Art von Sauce, die vor allem zu Fisch beliebt war, bereitet wurde.
Am von zwei **Verteidigungstürmen** bewachten Ufer entlang liegen die schönen Strände *Playas de Ferrara, El Morche, Peñoncillo* und *Calaceite*.

*Torrox, eine hübsche Ansicht der Ortschaft am Hügel und ein Blick auf den weiten Sandstrand des Uferviertels.*

*Nerja, ein Teil des einladenden Strandes von Calahonda und eine Ansicht des sogenannten "Balkon Europas".*

# NERJA

In einer wunderschönen geographischen Lage und Landschaft gelegen, ist Nerja die östlichste Ortschaft an der herrlichen Costa del Sol. Der Wohn- und Badeort von gutem Ruf liegt auf einem Felsvorsprung am Meer und wird von den Gebirgsausläufern der Sierra de Almijara geschützt. Die ersten menschlichen Siedlungen im Umkreis des heutigen Nerja gehen in vorgeschichtliche Zeit zurück, wie Felszeichnungen, die man in einer Grotte gefunden hat, belegen. Aufgrund der außergewöhnlich vorteilhaften geographischen Lage fiel der Ort den zahlreichen Seefahrern auf, die in der Antike diesen Teil der andalusischen Küste absuchten. Die Römer gründeten in der Gegend eine unter dem Namen *Detunda* bekannte Siedlung; aber erst unter arabischer Herrschaft erlebte *Narixa* oder *Narija* (d.h. "üppige Quelle") die Zeit seines größten Glanzes. Im Ort befinden sich die **Iglesia de El Salvador** (17./18. Jh.) und die **Ermita de la Señora de las Angustias**, auch *Gnadenkappelle* genannt. Der herrliche **Aussichtspunkt** auf den alten Befestigungsanlagen ist als *Balkon Europas* bekannt.

*Cueva de Nerja, die Bilder zeigen einige Details dieser phantastischen Grotte, in der man neusteinzeitliche Felszeichnungen gefunden hat.*

## Cueva de Nerja

Diese natürliche Höhle gehört zu den beeindruckendsten Sehenswürdigkeiten der Costa del Sol und liegt etwas außerhalb des gleichnamigen Küstenortes. Sie wurde ganz zufällig Ende der fünfziger Jahre des 20. Jahrhunderts gefunden und unter Denkmalschutz gestellt. In ihrem Innern kann man in den Sälen mit Stalaktiten und Stalagmiten zahlreiche Karsterscheinungen bewundern, die eine einzigartige, majestätische und höchst eindrucksvolle Umgebung gestalten.

Experten gehen davon aus, daß sie in vorgeschichtliche Zeit datiert werden muß. Die zahlreichen schwarzen, roten und gelben Felszeichnungen, die auf einigen Wänden der Höhle entdeckt worden sind, weisen in die Jungsteinzeit. Von den zahlreichen Räumen, die diesen faszinierenden unterirdischen Mikrokosmos bilden, muß vor allem die *Sala de la Cascada*, die *Sala del Cataclismo* und die *Sala de los Fantasmas* erwähnt werden.

In der Sommersaison werden hier Konzerte und Ballettvorstellungen gegeben. In anderen Räumen ist ein **Archäologisches Museum** eingerichtet worden, in dem einige Funde aus der Höhle ausgestellt sind.

N
S
W
E
GRANADA
MALAGA
COSTA DEL SOL
Osuna
La Puebla de Cazalla
Morón de la Frontera
Villanueva de San Juan
Sierra de las Yeguas
Fuente de Piedra
Laguna de la Fuente de Piedra
Rincona
Villanueva de Tapia
Huétor Tájar
Río Genil
Loja
Moraleda de Zafayona
Archidona
Sierra de Loja
Cueva de Menga
ANTEQUERA
Villanueva del Trabuco
Estación de Bobadilla
Almargen
Embalse del Guadalteba-Guadalhorce
Alhama de Granada
Embalse de los Bermejales
Olvera
Algodonales
Alcalá del Valle
Parque Natural de El Torcal
Casabermeja
Colmenar
Periana
Játar
Sierra de Almijara
Ardales
Alora
Benamargosa
Cómpeta
Algarrobo
Trayamar
Cueva de Nerja
Torrox
Arriate
Burgo
RONDA
Cuevas de la Arafia
Cueva de la Victoria
VELEZ MALAGA
Nerja
Balcon de Europe
Cueva de la Pileta
Ubrique
Serranía de Ronda
Sierra de Mijas
Cueva del Higuerón-del Tesoro
BENALMADENA
TORREMOLINOS
Arroyo de la Miel
Mijas
Río Guadiaro
Sierra Bermeja
MARBELLA
FUENGIROLA
Puerto Banús
S. Pedro de Alcántara
San Pablo o Buceite
Casares
ESTEPONA
San Martino El Tesorillo
Embalse de Guadarranque
San Roque
Bahía de Algeciras
Schnellstraße
Hauptstraße
Nebenstraße
Eisenbahn
Flughäfen
Im texte Angegebene Orte
Andere Orte
Orte von Touristischen Interesse
Archäologische Stätten
Schloß
Naturpark
Höhle
Maßtab 1:750 000